직장인 사춘기
고민 상담소

직장인 사춘기
고민 상담소

초판 1쇄 발행 2015년 6월 30일

지은이 최현정
펴낸이 이지은
펴낸곳 팜파스
기획편집 김소현
디자인 박진희
마케팅 정우룡
인쇄 (주)미광원색사

출판등록 2002년 12월 30일 제 10-2536호
주소 서울 마포구 서교동 404-26 팜파스 빌딩 2층
전화 02-335-3681   팩스 02-335-3743
홈페이지 www.pampasbook.com | blog.naver.com/pampasbook
이메일 pampas@pampasbook.com

값 13,000원
ISBN 979-11-7026-000-4 (13320)

ⓒ 2015 최현정

- 이 책의 일부 내용을 인용하거나 발췌하려면 반드시 저작권자의 동의를 얻어야 합니다.
- 잘못된 책은 바꿔 드립니다.

이 도서의 국립중앙도서관 출판예정도서목록(CIP)은 서지정보유통지원시스템 홈페이지 (http://seoji.nl.go.kr)와 국가자료공동목록시스템(http://www.nl.go.kr/kolisnet)에서 이용하실 수 있습니다.(CIP제어번호: CIP2015015544)

성장욕구와 매너리즘 사이에 낀
직장인들을 위한

직장인 사춘기
고민 상담소

"머리는 버티라는데 마음은 나가라고 한다"

최현정 지음

팜파스

직장인 사춘기,
직장인이라면 누구나 겪는
성장통의 시간

> **사춘기** : 육체적·정신적으로 성인이 되는 시기. 성호르몬의 분비가 증가하여 이차 성징이 나타나며, 생식 기능이 완성되기 시작하는 시기로 이성에 관심을 가지게 되고 춘정을 느끼게 된다.

우리의 사춘기는 그러했다. 아이에서 어른이 되기 위한 몸살을 겪었다. 정체를 알 수 없는 불편함이 있었고 복합적인 감정이 폭발하고 우리 자신이 누구인지를 찾느라 내면의 번뇌와 갈등으로 지글지글했었다. 미래가 한껏 기대되기도 했지만 어른들의 세상은 어둡고 절망적이기도 했다. 까마득한 과거의 이야기인 듯하다. 그때 왜 그리 불편했고 왜 그리 힘들고 왜 그리 답답했는지 잘 모르겠다. 분명한 것은 때가 되어 누구나 그 시기를 만났고 또 지나쳤다는 것이다. 누구는 잔잔하게, 누구는 시끄럽게, 누구는 무시무시하게 보냈을 것이다.

아쉬운 일이다. 그 당시에 왜 그토록 버거운 시기를 보내야만 했는지…. 만약 왜 그러한지를 알고 미리 예견했다면 그 시기를 보다 더 잘 보낼 수 있었을까. 그러나 모든 것은 그 시기가 지나고 나서야 깨달음을 얻는다. 우리는 그토록 어리석다.

> **직장인 사춘기** : 취업 후 직장생활을 시작해 업무에 몰입하던 중 직장생활에 대한 회의감으로 혼란스럽고 불안을 느끼는 시기. 단, 직장생활 중 주기적이고 반복적으로 일어나는 특징이 있다.

직장인이 되려고 스펙을 차곡차곡 쌓고 세상에서 제일 잘난 인재임을 가장하며 날밤을 새워 이력서와 자기소개서를 써내고 어색하기 짝이 없는 정장을 갖춰 입고 면접을 보러 다녔던 때가 있었다. 열심히 살아왔음을 증명하기 위해서 손품, 발품 팔아가며 애썼지만 탈락의 쓴잔도 여러 번 마셨었다. 생면부지의 면접관 앞에서 불타오르는 열정을 과장해 보이는 와중에 마음 한 구석에는 '이 구직활동 빨리 끝내고 싶다. 얼른 좋은 곳에 취업을 하고 싶다. 내게도 직장이라는 보금자리가 있었으면 좋겠다' 하고 간절히 바랐다. '귀하와 같은 좋은 인재를 모시지 못해 아쉽습니다'라는 위로도 안 되는 문자메시지와 이메일을 받아도 결국은 취업에 성공했다. 간절했기 때문에 기쁨의 비명을 지르기도 했고 내가 취업한 것이 맞나 싶어 어리둥절하기도 했다. 그렇게 우리는 출근했다.

드디어 우리에게도 자리가 생겼다. 새로운 소속이 생겼다. 회사에서 내어준, 고작 두 팔 벌려 한 아름일 뿐인 책상, 내 자리가 생겼다. 이름 석 자와 직급이 박힌 출입증과 명함을 받아들고 보니 그제야 실감이 나기 시작했다. 낯선 환경에 대한 어리둥절함이 신선한 기대감으로 대체되고 온 세상을 다 가진 것 같았다.

"야호! 드디어 나도 직장인이다!"

==우리의 이 기쁨과 설렘은 얼마 만에 산산조각 났을까? 출근이 기대되고 발걸음이 가볍고 굿모닝 인사가 우렁찼던 시기는 언제까지 지속되었을까? 그리고 언제부터 출근이 두렵고 발걸음은 무겁고 일상이 스트레스에 무뎌지기 시작했을까?==

우리도 모르는 사이 그리 되었다

"얼마 전에 한참 아래인 대학후배가 만나자고 연락이 왔어요. 어떻게 연락처를 알았는지 모르지만 너무 적극적이어서 거절도 못하고 만났죠. '선배님, 어떻게 하면 선배님처럼 멋진 커리어를 만들어 갈 수 있습니까?' 내 속도 모르고 솜털 보송한 후배가 초롱초롱한 눈빛으로 묻더군요. 무슨 말을 해줘야 했을까요. 아직 닥치지 않은 미래에 대한 기대와 희망이 가득한 후배의 환상을 깨줘야 했을까요? 현실은 이러니까 정신 똑바로 차리라고. 그런데 생각해보니 내가 만났던 선배들, 상사들이 다 비슷한 말을 했었어요. 직장생활, 그렇게 만만한 거 아니라고. 그때 그 말들은 귀에 잘 들어오지 않았죠. 직접 닥쳐보고 겪어보지 않으면 모르는 거니까. 나는 그렇게 살지 않을 자신 있었거든요.

그 후배에게는 어떤 말을 해줬냐고요? 그냥 열심히 하라고 했어요. 열심히 하면 원하는 것을 이룰 수 있다고. 감동해서 돌아갔어요. 그리고 스스로 되묻게 되더군요. 후배가 우러러 바라보는 그 자리에 내가 있는데 나는 왜 여기에서 쓴 물만 삼키고 있을까. 좀처럼 내려가지 않는 체중 같은 이 현실이 답답하게 느껴지는 건 왜인지…."

직장생활을 시작해서 신입사원 딱지를 떼기까지 당신 참 잘 버텼다. 직장이라는 조직의 위계질서에 적응하며 상사의 리더십에 따라 갈대처럼 흔들리고 선배의 잔소리에 열 오르던 시기도 지나 이제는 좀 여유 부릴 때도 되었다. 이제 직급도 살짝 오르고 후배도 맞이해서 선배 노릇 좀 하려고 하는데 우리의 마음은 괜히 복잡해진다.

선배와 상사는 여전히 나만 못 잡아먹어서 안달이고 잘하면 당연한 것, 못하면 이제까지 뭘 했냐며 타박이다. 납득 되지 않는 체계에 순응했다고 생각했는데 어느 날 갑자기 나에게 불리하게 작용할 때 울컥

한다. 왜 합리적으로 바뀌지 않느냐며. 왜 항상 그렇게 고리타분하고 지지부진한 거냐며.

이것이 대한민국의 직장인의 현주소라고 일반화를 시키면 무리일까. 누군가는 레드카펫을 깔고 우아하게 경력을 쌓아 가는데 왜 우리의 앞날은 깜깜하고 앞길은 자갈밭이고 지뢰밭인지.

최근 들어 당신의 앞날이 불투명하게 느껴지고 이제껏 잘해왔는지, 앞으로 잘할 수 있을지 불확실하다면? 그나마 열정은 충만했었는데 단단한 조직의 색깔에 맞게 변색된 것 같다면? 10대에 지글지글하게 건너왔던 사춘기처럼 지금 만약 그렇다면? 지금 당신의 직장생활에 사춘기가 찾아온 것이다. 직장인 사춘기는 누구에게나, 어느 순간 예기치 않게 찾아온다.

CONTENTS

PROLOGUE
직장인 사춘기, 직장인이라면 누구나 겪는 성장통의 시간 004

PART 01
열병 앓는 직장인들을 위한 위로

화가 치밀어 오를 때, '요즘 어떠냐고? 죽을 맛인데?' 015
희망이 보이지 않아, '죽도록 일해서 뭐가 남지?' 022
무기력한 하루, '어떻게 극복할 수 있을까?' 026
존중받지 못해서 생기는 수치심, '내가 그런 소리까지 들어야 해?' 032
미래에 대한 불안감, '내 일의 내일을 찾아서' 037
열정이 떠나간 자리, '내 열정은 어디에?' 041
어렵기만 한 소통, '도저히 말이 안 통해!' 045
직장인이 위기다 048
직장의 노예를 거부하라 052
나 오늘 사표 쓴다! 056

PART 02
회사라는 조직과 나, 그 복잡하고도 오묘한 관계

: CHAPTER 01 : 회사는 철저한 이윤추구 조직

조직적 인간에 대한 강요 063 | 회사의 안전장치는 더 이상 없다 067
야근 권하는 회사? 야근을 선택하는 직장인 072
착한 직장인 혹은 이기적인 직장인 077

: CHAPTER 02 : 일보다 사람

불가항력의 사내정치, 영리하게 대처하라 083 | 상사병은 포용할 때 낫는다 087
상사의 보좌관을 자처하라 091 | 공적인 거리, 1m 096
적이 없는 사람이 오래 간다 100 | 존경받는 선배의 조건 104
갑에게 대처하는 을의 자세 109

: CHAPTER 03 : 연봉에 대한 고찰

연봉, 회사 그리고 나 115 | 제발 밥값 좀 해 118
돈이라는 보상으로 해결되지 않는 것 121 | 연봉 외에도 알아둬야 할 것들 124
연봉협상, 밀당의 고수 128

: CHAPTER 04 : 인사고과의 비밀

인사고과와 연봉의 상관관계 135 | 평가는 두려워 139
자신감마저 잃으면 회복이 어렵다 142 | 저성과자의 위기극복법 146

: CHAPTER 05 : 지금 머문 그곳에서 일단 성공하라

할 수 없는 것인가? 하지 않는 것인가? 151 | 당신의 파랑새는 어디에 있나 154
너 같은 사람 없더라 157 | 직장은 배움터, 그리고 성장터 161

PART 03
직장인 사춘기를 딛고 이기는 경력관리법

: CHAPTER 01 : 경력관리, 그것이 알고 싶다

경력의 중심에 서라 167 | 경력관리의 왕도 173
이직, 타이밍의 심리학 177 | 오늘. 나. 커리어. 성공적 184

: CHAPTER 02 : 직장인 사춘기의 승부수, 퍼스널 브랜딩

당신의 가치를 차별화하라 189 | 이대로는 적신호, 자기 혁신하라 194
널리 알려질수록 가치 있다 199 | 평판조회의 시대, 평판을 지켜라 202

: CHAPTER 03 : 성공적인 변화의 기술

변화는 두렵지만 도전은 신선하다 207 당신에게 최적인 회사 209
돌다리도 두들겨 보라 213 | 구직의 시작은 서류다. 기본부터 챙겨라 217
경력직 면접, 비즈니스 매너에서 출발하라 227 | 면접 불패 비법 235
면접 시뮬레이션 239 | 떠날 때 뒷모습이 아름다워라 244

: CHAPTER 04 : 경력은 도전이고 도전은 계속된다

생의 목적을 두고 커리어를 관장하라 249 | 생각의 틀을 깨고 실행하라 253

PART 04
방황하는 직장인 고민 상담소

진짜 나에게 잘 맞는 일은 무엇일까요? 261
잘 지내고 싶지만 관계는 어려워 264
워킹맘과 경력단절 사이, 아직 건널 수 없는 강 267
괴로운 나날들, 직장인의 비애 270
사내연애, 왜 이렇게 어려울까요? 273
그들만의 리그에 속하지 못한 저는 미운오리새끼입니다 275
회사와 상사한테 이미 마음 떠났어 277
멀티맨이 아닌, 주인공이 되고 싶어요 280

PART 01

열병 앓는 직장인들을 위한 위로

화가 치밀어 오를 때,
'요즘 어떠냐고? 죽을 맛인데?'

: **직장생활이 즐거울 수가 있어?** :

직장생활 할 만하다고 신나 하는 사람을 본 적이 별로 없다. '힘들어 죽겠어'라고 말하면 동질감도 생기고 다들 똑같이 힘들다고 하니 왠지 위안이 된다. 그런데 누군가 사는 게 신나고 재미있다고 하면 괜히 부아가 끓어오른다.

'아니, 어떻게 직장생활이 즐거울 수가 있어? 저 회사는 어떤 회사

길래, 구글처럼 사람들이 자유롭게 일하나? 회사에서 배려를 잘 해주나? 일은 조금 하고 돈을 많이 받나?'

믿을 수 없는 일이다. 나도 그런 회사에 가고 싶다. 여기는 정말 아닌 것 같다. 내가 생각했던 꿈의 직장은 더더욱 아니다. 왜 내가 다니는 회사는 별 볼 일 없는지, 내 일은 즐겁지 않은지, 나도 자신만만해지고 행복해졌으면 좋겠는데, 왜 나한테만 이런 일이 생기는 걸까?

'즐겁고 재미있으려면 그만한 값을 지불해야 하는 것이다. 오히려 매달 돈을 받고 있으니 즐겁고 재미있기까지 기대하는 건 무모한 것이다. 그러니 그냥 버텨야 한다.'

이런 말들로 자조하듯 위로하며 끝나면 좋겠다만 순간순간 울컥거리며 숫구치는 짜증과 분노는 주체할 수가 없다. 내가 이러려고 직장인이 된 건 아니거든.

막상 직장인이 되었는데 왜 이리 고통스러운가. 회사 가기 싫다고 입버릇처럼 말하고 하루에도 한숨을 몇 번이나 내쉬는 일이 반복되니 이를 어쩌나. 경력과 연륜이 묻어나는 상사와 선배들은 다 이 시기를 겪었을까. '버텨. 직장인은 얼마나 잘 버티느냐로 생존이 결정돼'라는 말이 진정 답일까. ==직장생활 만만치 않다는 것을 드디어 알아채고 이 고비를 잘 버텨내면 비로소 제대로 직장인다워질까.==

폭발 일보 직전, 참는 것도 한계가 있지

경력 3년차의 후배를 만났다. 직장생활이 어렵고 힘들다는 하소연을 전화통화로 몇 번 들었던 터였다. 마치 기다렸다는 듯 그간의 회사에서 있었던 이런저런 답답했던 이야기들을 풀어놓기 시작했다. 주임 직급을 단지 오래지 않았는데 대리가 던지는 일 폭탄이 감당하기 어렵다는 것이 요지였다.

"그간 정말 힘들었어요. 회사의 체계가 너무 이상해요. 하고 있는 일도 많은데 더 많은 일이 자꾸 넘어와요. 너무 스트레스가 차올라서 결국 한 순간에 뻥! 터져버렸어요."

자기가 마치 압력밥솥 같았단다. 그동안 회사에서 쌓인 것들이 많았는데 되도록 표현하지 않고 스스로 감당하려고 했단다. 하지만 자신도 모르게 가족들에게 짜증, 주변 사람들한테 민폐, 애인한테 수시로 까칠하게 대하게 되었다고 한다. 처음에는 주변사람들이 받아주는가 싶더니만 습관처럼 힘들다 소리가 나오니 주변에서도 정도껏 하라고 받아주지 않았고, 더는 못 참겠어서 분노가 폭발하고야 말았다. 그것도 팀이 모두 모인 회의 자리에서 말이다.
'힘들었겠다, 서러웠겠다, 정말 이상하네, 일을 잘하니까 일이 넘어오지, 스트레스는 차오르기 전에 조금씩 내보내도록 해. 나도 그때 그랬지. 내 뜻대로 되지 않을 때가 있어'라며 그를 다독였다.

한편 후배와 헤어져 돌아오는 길에 곰곰이 생각해봤다. 그가 회의 자리에서 그간의 불만을 터뜨렸을 때 그 자리에 있던 다른 팀원들은 무엇을 생각하고 느꼈을까.

'직장생활 다 힘든데 혼자 힘들다고 진상부리고 있네.'

'힘들어 보이고 지쳤다는 건 알겠는데 그렇다고 다 모인 자리에서 저러면 어쩌나.'

'그간 그렇게 위태위태하더니 얼마나 힘들었으면 저럴까.'

'아니 저러고 뒷감당은 어쩌려고 그러지? 저러다 그만둔다고 말할 수도 있겠네, 큰일이야.'

순간의 정적 속에서 저마다 다른 생각들을 하고 있었을 것이다. 정작 당사자는 어땠을까? 쌓아서 묵혀놨던 감정이 분노와 서러움으로 터졌을 때, 당장은 앞뒤 없이 내질렀지만 다시 이성을 찾은 뒤에는 후회하고 뒷수습을 어떻게 해야 할지 고심하지 않았을까. '이미 엎지른 물인데 에라, 모르겠다. 될 대로 되어버려라' 하는 마음이었던 후배는 변화가 없으면 퇴사해야겠다는 극단적인 선택까지 고려하고 있었다.

⋮ 분노에 대처하는 **우리의 자세** ⋮

그간 후배의 대처방식은 자신의 애로사항을 농담인 듯 진담인 듯 조금씩 '티를 내는 것'이었다. 하지만 티내는 방식이 잘못되었는지 나름의 그러한 표출이 상사와 동료들에게는 자기만의 해석을 통해 걸러졌었던 것 같다.

'그래도 결국은 잘해낼 거잖아.'

'다들 힘든 건데 본인이 내색한다고 해서 바뀔 것은 별로 없어.'

'저러다가 또 괜찮아지겠지.'

'어차피 다 그런 걸. 좀 더 버티면 익숙해질 거야.'

오래지 않아 후배는 업무분장에서 팀장의 배려로 본인 업무에 집중할 수 있게 되었다고 한다. 하지만 그 이후 자신의 일하는 방식과 좋아하는 환경에 대해서 고민하더니만 그 직장을 떠나 다른 곳을 찾아갔다. 그리고 또 이직한 곳에 적응하느라 고군분투한다는 이야기를 전해 들었다. 그리고 그가 하는 말.

"휴, 어딜 가나 비슷한가 봐요."

사춘기 열병을 앓는 직장인들은 이러지도 저러지도 못한 채 살얼음판 위에 서 있다. 자칫 한발 잘못 디디면 깊은 물속으로 빠져 다시 나오지 못할까 봐 걱정이다. 그러다가도 어떤 이는 '까짓 거 인생 한 방이지. 여기 아니면 나 받아줄 곳 없겠어?'라며 이직을 시도하고 어떤 이는 '어딜 가나 비슷하다 하잖아. 조금 더 견뎌보자' 하며 정면승부를 선택할 것이다. 이 상황에서 획기적인 솔루션은 단언컨대 없다. 직장 선배이자 커리어 컨설턴트 입장에서는 일단 후자를 권하고 싶지만, 무엇보다 마음 끌리는 대로 하는 것이 정답일지도 모른다.

뜻대로 되지 않는다 하여 **포기하지 마라**

과거 사춘기 시절에는 사회의 부조리가 부쩍 잘 보이고, 작은 감정의 회오리에도 휘청거렸다. 혼란스럽고 답답하고 동요했던 시기였다. 분명 그때보다 10년 이상 나이 먹고 성숙해졌다고 생각하는데도 왜 이리 적응이 안 될까. 지금도 가끔 '세상이 다 그런 거야. 그러니까 입 닥치고 묵묵히 따라와'라는 요구는 억울하고 분하여 괜히 반항하고 싶어진다. 하지만 아무 때나 지르고 싶을 때 반항하지는 않으니 그래도 어른흉내는 내고 있나 싶다.

직장생활을 하다보면 뜻대로 이뤄지지 않는 일이 태반이다. 이런저런 방법도 써보았지만 어떤 방법을 써도 변화가 없다며 자포자기하는 이도 많다. 사실 대처방법이 없다며 포기하거나 수용하는 것 역시 방법 중의 하나이다. 다만 그렇게 포기하거나 수용하는 과정이 마뜩치 않아서 불편한 것뿐이다. 특별한 방법은 없다. 당신이 감정을 키우지 않을 마음이 있는지 되묻는 것에서부터 출발해보자.

분노는 겉으로 표출하거나 안에서 삭히거나 적절히 조절하여 표현할 수 있다. 감정을 있는 그대로 표출한다면 불화를 만들게 될 것이다. 삭히면 내 안에서 곰삭아서 속병이 날 것 같다. 그렇다면 답은 나온다. 적절히 조절하여 표현하는 것이다. 표현방식의 문제다. 현재 분노의 대상이 있다면 그 대상에게, 업무적인 부분이거나 문제의 개선을 요구해야 한다면 상급자에게 이야기해야 한다. 반드시 단호한 어조로 분명하게 현재의 문제가 무엇인지를 조목조목 설명하고, 그로 인한 피해상황과 고민 등을 나누어야 한다. 대안을 마련할 수 있도록 상대에게 조언을 먼저 구하고, 특별한 것이 없을 때에는 스스로 고민한 대안을 제시하는 편이 좋다. 단, 상대의 감정을 자극하지 않는 선에서 그들이 충분히 납득할 수 있도록 목소리 톤은 낮추고 진지하게, 최대한 감정을 배제한 채로 이야기하도록 한다. 당신은 충분히 감정 조절을 할 수 있으며 이렇게까지 진지하게 대화를 나누는 것은 폭발하지 않기 위한 최후의 수단임을 경고하자. 이는 자신에게 하는 말이기도 하다.

'저는 대단히 인내심을 가지고 이제까지 버텨왔습니다. 계속 개선 없이 문제가 반복된다면 제가 어떤 선택을 할지 저 자신도 모를 정도로 스트레스가 심합니다. 꼭 부탁드립니다.'

코멘트 톡톡!

끓어오르는 화를 끌어안고 있다 폭발시키면 더 큰 화를 부른다. 분노를 참는 것도 답은 아니다. 감정을 배제하고 문제의 핵심에 접근하라. 그리고 단호하게 대안을 제시하라.

희망이 보이지 않아,
'죽도록 일해서 뭐가 남지?'

희망으로 시작한 **직장생활**

직장인이 된다는 것은 학교 졸업 후 백수가 되지 않는다는 것 이상의 의미가 있다. 그래서 남들이 알아주는 기업에 입사하고 싶었던 것이다. 물론 항상 목표와 이상은 더 높았고 현실은 그보다 조금 못 미쳤다 하더라도 현실과 타협할 정도의 이성은 챙겨두었다. 직장인이 되었으니 돈도 벌고 경력도 쌓고 결혼해 가정도 꾸리고 앞으로 거쳐야 할 과업들이 태산 같지만 작은 희망은 마음속에 챙겨두려 애썼다.

어떻게 상식적으로 저런 사고방식을 가질 수 있나 의아한 사람들이 직장에 있었다. 자기밖에 모르는 이기주의자, 자기와 의견이 다르면 틀렸다고 단정 짓는 흑백논리자, 앞뒤논리가 맞지 않는 궤변론자도 있었다. 그럼에도 '나는 아직 한참 배우고 길들여져야 하는 초보 직장인'이라고 여기며 스스로를 위안하며 젖어들 작정으로 열심히 일했다.

모 건설사 H주임은 이제 막내 딱지도 떼고 실무도 거뜬히 담당하게 되고 보니 새삼 세상이 달라 보이기 시작했다. 연차로 과장직급이 코앞인 대리와 현재의 과장님은 일에 중독된 것처럼 보였다. 연차가 쌓이면서 '이제 할 만 하지? 혼자 해볼 때도 되었지?'라며 일이 몰리기 시작했다. 어깨너머로 배운 업무도 시행착오를 거치니 이제 일다운 일을 하는가 싶었다. 그리고 보니 이제 야근은 필수, 주말근무는 아예 일상이 되어간다.

그들이 사는 세상과 **내가 살고 싶은 세상은 다르다**

배운 것이 도둑질이라고 선배와 상사가 하는 모습을 후배는 그대로 답습하게 된다. 그들의 모습이 바로 나의 미래 모습이다. 일에 최선을 다하고 회사에 충성을 다하는 선배와 상사들에게 보고 배운 것이란 '야근은 의무, 실적은 무기, 평가는 톱'이어야 한다는 것이다. 그렇게까지 해서 생활과 등지고 피폐한 영혼으로 진급을 하고 싶다는 생각은 들지 않으니 내 생각이 잘못 박힌 것인가? 만약 그 생각이 잘못되었다면 생각의 뿌리를 뽑아내야 하나?

죽도록 일하고 노예처럼 부려지다가 버려지고 싶지 않다고 생각하는 당신의 마음을 존중한다. 죽도록 일하면 진짜 죽는다. 배우자와 자녀, 가족을 돌보지 않고 일에 매달려야만 성과를 잘 낼 수 있고 인사고과를 잘 받을 수 있다고 하지만 생활은 엉망진창, 앞으로 결혼이라도 하게 된다면 어떨지 미래가 그려지니 괜히 벌써부터 아득하다. 일에 집착하며 성과를 내고, 인정을 받느라 안달하는 모습에서 저들은 일이 즐거워서 하는 것인지, 아니면 일에 먹혀버린 것은 아닌지 궁금하다.

⁝ 적당주의에서 **벗어나면 보이는 노선** ⁝

이왕 조직에 몸담았으니 성과는 내라. 단, '나에게 그들과 다른 달란트가 없을까'라는 자신에 대한 연구와 몰두는 계속해야 한다. 사람은 적당히 게으르고 싶고, 적당히 재미있고 싶고, 적당히 편하게 살고 싶어 한다.

만약 '적당히 편하게' 일하겠다는 마음을 먹고 있으면서 저들처럼 피폐해지고 싶지 않다는 생각을 하고 있다면 낯부끄러운 상황이다. '적당히 편하게' 일하면서 월등한 보상을 기대하는 것 또한 도둑 심보다.

누군가는 말한다. 지금보다 더 독해져야만 한다고, 주변에 폭풍우가 불어 닥쳐도 흔들리지 말고 자신만의 길을 꿋꿋이 걸어가야 한다고, 그러기 위해서 일부는 포기해야만 할지도 모른다고 말이다.

앞으로 그려내고 싶은 모습이 일에 파묻혀 사는 것은 아니라면 지금 어떤 삶을 선택하고 살아야 할까. 그러기에 앞서서 당신이 멀리 내다보고 그려내고 싶은 삶은 무엇인지 스스로 되물어보자.

당신 회사의 선배들처럼 살고 싶지 않다면 어떤 삶을 살아가고 싶단 말인가? 처음 입사할 때 자기소개서에 적어냈던 입사 후 포부는 누구의 것이었나? 앞서 달리는 선배와 상사들의 뒤꽁무니만 바라보고 맹목적으로 달렸던 시간을 잠시 멈춰보자. '이건 아닌데'라는 생각이 멈추지 않는 당신에게 필요한 것은 잠시 멈추어 미래를 마음껏 상상해보는 시간이다.

> **코멘트 톡톡!**
> 직장 선배의 모습이 행복해보이지 않는다고 해서 절망하지 마라.
> 그들과 다른 삶을 살아내고자 한다면 그 삶을 먼저 그려보고 자신의 노선을 닦아라.

무기력한 하루,
'어떻게 극복할 수 있을까?'

: 학습된 **무기력 실험** :

심리학 실험 중에 '학습된 무기력'과 관련한 실험은 유명하다. 긍정심리학의 창시자 마틴 셀리그먼의 실험이다. 신체조건이 비슷한 스물네 마리의 개에게 전기충격 실험을 시도했다. 여덟 마리의 도피집단 개들은 천장에 매달린 나무판을 머리로 밀면 전기충격을 멈출 수 있다. 다른 여덟 마리 비도피집단은 어떤 행동을 해도 전기충격을 멈출 수 없다. 나머지 여덟 마리는 아무런 충격을 받지 않은 통제집단이었다.

바닥에 전기충격이 가게 했고, 10초가 되기 이전에 옆 칸으로 뛰어넘으면 더 이상 전기충격을 받지 않을 수 있었다. 앞서 도피집단과 통제집단으로 분류되었던 열여섯 마리의 개들은 옆 칸으로 도망쳤지만 비도피집단의 개들 대부분은 무기력하게 그 자리에 머물렀다.

이 실험을 통해 얻은 결론은 지속적인 통제 불가능의 상황에 놓이면 무기력을 학습하게 된다는 것이다. 그렇다면 이 실험이 직장인에게 적용될 수 있을까? 물론이다. ==많은 직장인들이 불편한 마음을 끌어안고 체념한 채, 직장생활을 월급과 맞바꾸어 삶을 연명하는 것, 그것이 학습된 무기력이다.==

: 영혼 없는 클릭 :

건축자재 제조회사 입사 4년차인 J에게 퇴근 후 취업 포털을 뒤지는 것은 중요한 일과가 되었다. 회사는 오너의 친척과 가족들이 요직을 차지하고 있고, 서로 자기 밥그릇 싸움을 하느라 바쁘다고 한다. 회사 사업이 어떻게 굴러가는지도 임원들은 관심 없는 듯해 보여 이러다 회사가 망하는 것 아닌가 불안하기까지 하다. 입사 후 몇 년이 지나는 동안 동기들은 하나 둘 다른 회사로 옮겨가버렸고, 팀 내 중간관리자들이 여러 차례 바뀌었다. 아직 대리직급을 달기 이전이라 몇 년 더 버텨야지, 생각하다가도 부서에 인원이 자꾸 빠지다 보니 다른 사람 일까지 떠맡아 해야 되서 부담이 이만저만이 아니다. 부서에서 일을 제일 많이 하고 있는데도 누구 하나 '힘들지?'라고 위로해주는 사람이 없다. 아니, 그건 바라지도 않으니 보너스라도 많이 나와서 그나마 일 많이 한다는 데 돈으로 보상이 되었으면 바라지만 꿈엔들 이뤄질까. 해야 할 일이 있고 주어진 역할을 잘해내야 한다는 마음은 있지만 열정과 에너지를 내기에는 괜히 공허하고 점점 자신감도 사라지고 우울하기 짝이 없다. 언제까지 버틸 수 있을지 한숨을 내쉬며 영혼 없이 채용공고 게시글 클릭만 해대는 날들이 차곡차곡 쌓이고 있다.

"혼자만의 힘으로 변할 건 없어요. 일이야 적응하면 되는 거지만 조직을 뜯어고칠 수는 없으니까요. 뭔가 불안정하니 자꾸 사람들이 들어오고 나가기를 반복하잖아요. 정말 돈이라도 많이 주면 그나마 버티겠어요. 이도저도 아닌데 회사는 어떤 충성심을 기대하는 걸까요? 직원교육 백날 하면 뭐합니까? 진짜 뿌리 깊게 곪아 있는 것들을 회사는 보지 못해요. 아마 볼 생각도 없을 걸요?"

탄탄하게 성장해온 기업이라 하더라도 직접 겪어보면 내부적 문제는 항상 있다. J의 하소연을 들었을 때 내심 놀라웠다. 내부 사정 때문에 회사는 들썩인다지만 대외적으로는 괜찮은 규모와 성장세를 보이고 있었기 때문이다. J는 다른 기업들은 시스템도 잘 갖추어져 있고, 평가와 보상에 체계가 있어 업무 때문에 스트레스를 받더라도 충분히 견딜 만하지 않겠냐고 물었다.

: 사장도 혼자서는 **조직을 맘대로 못 바꾼다** :

조직은 혼자만의 힘으로 변할 리가 없다. 시스템을 변화시키려면 보다 체계적이고 조직적인 큰 움직임이 있어야 하는데 누구도 바꾸려 하지 않거나 바꾸려 시도했다가 포기하고 '절이 싫으면 중이 떠나는' 양상이 반복적으로 일어난다.

통제 불가능한 조직에 대한 불편감은 아마 그 회사를 떠나지 않는 한 끝나지 않을 것이다. 하지만 이와 비슷한 문제는 어디에나 존재한다. 문제의 색깔이 조금씩 다를 뿐, 직장인을 옭아매는 문제는 분명 어디에나 있다. 그저 이를 어떻게 수용하고 판단할지가 관건이다.

> "한 달 꼬박 열심히 일해도 적금 붓고 관리비 내고 부모님 용돈 드리고 나면 나를 위해 쓰는 용돈은 학생 때보다 적어요. 회사에서 일이란 일은 나 혼자 다하는데 쥐꼬리만 한 월급이 통장에 찍히는 거예요. 열심히 일해도 제자리걸음인 것 같은 기분 아세요? 다른 회사는 야근수당, 명절 보너스, 분기마다 차고 넘치는 상여금을 받잖아요. 그런 사람들과 비교하면 일에 집중하려다가도 지금 내가 뭘 하고 있나 싶죠."

직장인들 다수가 어떤 부분에 불만족하면 가장 우선하는 가치로 돈을 내세워 그 불편한 마음을 보상받으려 한다. 물질적 보상이 모든 것의 어려움을 덮을 수 있을 거라 기대하지 않는데도 말이다. 대기업에서 일이 많고 혹사당한다고 하지만 그만큼 급여와 상여금 등으로 보상이 되니 그들이 더 오래 근속할 수 있는 것 아니냐고 반문한다. 물론, 대기업은 입사 때부터 치열하게 경쟁하여 자신의 성과를 내야만 그에 상응하는 보상을 주는 시스템을 이미 갖추고 있다. 그렇기 때문에 직원들이 일을 많이 해서 손해 보는 느낌보다는 정당한 보상을 받기 위해서, 좋은 평가를 받으려고 더 애쓸 수밖에 없는 구조에 길들여져 있다. 애초에 돈과 급여 때문에 불평하지 않으려면 진즉에 대기업에 입사했어야 했다고? 지금이라도 늦지 않았다면 재도전을 해봐도 좋다. 그러나 대기업 직원들의 만족도는 또 다른 잣대로 호불호가 갈린다는 사실을 기억하길 바란다.

합리적이기를 바라는 **비합리적 인간**

　마음이 불편하고 무기력한 하루가 반복되고 있다면, 무엇으로 환기할 것인가? 마음속 울림에 귀 기울일 때이다. 이직을 통한 새로운 도전을 시도할 것인가? 실패에 대한 두려움, 현재에 익숙해져버린 나머지 그냥 안주하는 것도 나쁘지 않다고 생각할지도 모른다.

어떤 선택을 할 때 경제성과 효용성을 따진다고 합리적인 것은 아니다. 내면의 목소리에 귀 기울이면서 선택에 대한 책임을 질 강단이 있으면 된다. 체념 대신 수용하라. 현재 처한 상황의 좋은 점과 나쁜 점을 찾아보고 어떤 태도를 취할 것인지를 고민해야 한다. 그저 무기력하게 하루를 살아내는 샐러리맨의 모습보다야 훨씬 발전적이지 않을까.

> **코멘트 톡톡!**
> 지금 처한 상황을 통제하지 못한다고 하여 무기력한 태도로 일관하면 회복이 어렵고 개선의 여지는 점점 사라진다. 회사의 사람과 상황을 점검하고 체념 대신 긍정적 수용을 하자. 그래야 다음의 기회가 온다.

존중받지 못해서 생기는 수치심, '내가 그런 소리까지 들어야 해?'

깊고 깊은 감정의 늪

다른 사람으로부터 존중받지 못한다는 느낌을 받으면 떠오르는 부끄러운 감정이 수치심이다. 이제까지 살면서 귀한 자식으로 자기 앞가림 잘해왔다고 생각했는데 직장에 들어와 보니 어마어마한 강적이 있었다. 절대 권력을 틀어쥐었다고 생각하는 상사는 자신이 뜻하는 대로 이뤄지지 않는 일에 대해서 모두가 있는 자리에서 면박을 주기도 한다. 그것이 못내 견딜 수 없어 직장을 그만두고 싶다는 이들이 있다.

"야! 김진희!"

무역회사 입사 3년차 진희 씨는 오늘도 직속상사인 과장으로부터 사무실이 떠나가라 이름을 불렸다. 며칠 전에 결재 받아서 넘긴 건이 반려되어 돌아온 모양이었다. 꼼꼼히 체크했고 과장이 사인한 사안이었다. 영문도 모른 채 불려가서 길길이 날뛰는 과장에게 "그건 과장님께 몇 번이나 확인했고 결재하셔서 넘긴 건데요"라고 말했다. 과장은 움찔하더니 재빨리 "어디서 말대꾸냐"고 더 화를 냈다.

이런 일이 최근 들어 더 자주 있었다. 과장 밑에 실무자 대리가 빠지자 대리의 일이 다 떠밀려 넘어온 상황에서 과장도 나름 업무량이 많아진 것은 사실이다. 하지만 점점 갈수록 히스테리를 부리고 직접적으로 불똥이 튀는 통에 진희 씨는 과장이 이름만 불러도 숨이 막혔다.

안 그래도 실무를 담당한지 얼마 되지 않아서 정신이 없는데 상사는 하나서부터 열까지 꼬투리를 잡고 늘어졌다. 자신의 잘못을 외려 뒤집어씌울 대상을 찾은 듯했다. 그 전에 선배인 대리가 퇴사한 이유도 과장의 히스테리가 한몫했다고 한다. 대외적으로 희생양을 삼아 깎아내리며 자신을 돋보이게 하는 악질적인 행위를 알면서 당하는 꼴이었다. 대리가 퇴사한 후 신입사원을 뽑아 일을 나누고는 있지만 전후사정 모르는 말단사원이 화장실에서 '우리 팀 주임한테 뭘 배워야 할지 모르겠어'라며 뒷담을 하는 걸 들어버렸다. 그때 울컥, 과장에게 달려가 사표를 던져버릴까 고민했다고 한다.

'일 못하는 직원'이라는 낙인

"너는 대체 뭐가 되려고 그 모양이냐!"

어린 시절 망친 성적표를 가져오거나 사소한 실수를 하면 부모님은 그런 이야기를 했었다. 진희 씨는 그때 느꼈던 감정과 비슷한 감정이 올라왔다. 자신이 뭘 그렇게 잘못했는지 납득도 되지 않은 채 고스란히 죄인이 되어버렸다. 그것도 모두가 지켜보는 자리에서 공개적인 망신을 주고 실수를 꼬집는 행태는 정말 상식적이지 않다고 생각했다. 따로 불러서 이야기하거나 조용히 지적해도 될 텐데 꼭 만천하에 '일 못하는 직원'으로 낙인찍을 심산인가 싶다. 그래서 점점 자신감은 떨어지고 일을 처리하는 데도 주눅이 들었다. 실수가 두렵고 항상 결과가 좋지 않을 것 같은 불안감까지 생겼다.

"차라리 일을 어떻게 처리하면 된다고 꼼꼼히 일러주면 다음에 실수라도 하지 않을 텐데. 툭하면 반말하고 질문하면 무시하고 다 같이 있는 자리에서 면박 주고. 이제까지 살면서 그렇게 못한다, 한심하다는 소리 들어본 적이 없거든요. 꼬일 대로 꼬여버린 지금, 달리 방법이 없지 않나 싶어요. 오죽하면 대리님이 퇴사했을까. 따라서 퇴사를 해야 이 꼴 저 꼴 보지 않을 수 있지 않나 요즘은 그 생각뿐이에요."

과장의 스타일을 못 맞추고 있어서 그런 것은 아닌지, 대화로도 풀어보려고 했다. 하지만 상사의 직장생존을 위한 희생자 만들기는 계속되고 있다.

'내가 왜 당신한테 그런 소리까지 들으면서 버텨야 하는데!' 이 말이 목 끝까지 차올라서 튀어나오려고 하는 것을 꾹 눌러놓으니 오히려 눈물이 쏟아졌다고 한다.

심리적 조종자에 대해서는 **애쓰지 마라**

그런 사람이 있다. 굉장히 착취적인 사람, 냉소적이고 다른 사람을 무시하고 조종하려는 사람. 이런 성향이 과하면 소시오패스(반사회적 성격장애자)라고 불리기도 한다. 이들은 관계를 이용하고 자신에게 유리하게 치고 빠지는 성향이 굳어져 있기 때문에 매우 조심해야 하는 부류 중의 하나이다. 이들과 상대하다보면 정서적으로 상처받고 자책하는 경향으로 흐를 수 있다.

이 대상은 관계 중 최고난이도의 벽이다. 이들을 이해하기 어렵다면 굳이 이해하려 애쓰지 마라. 사람 자체를 미워하는 것 같다면 상사가 왜 나를 미워하는가를 생각해봐야겠지만 철벽수비 난공불락의 벽을 마주하고 있다면, 되도록 그의 앞에서 실수하는 모습을 보이지 않는 것이 최선이다. 사람이 밉다는데 일에서 실수하면 정말 빠져나올

구멍이 없다.

　사실 상처 주는 가해자가 오히려 스스로 수치심을 크게 느끼는 타입일 수 있다. 수치심을 방어하느라 자신이 아닌 타인을 경멸하고 조롱하고 멸시하고 분노한다. 다른 사람 위에서 군림하고 자신의 실수를 덮어씌우는 만행도 서슴지 않는다. 이런 부류들은 오랜 기간 심리치료를 받아야 할 것이다. 다른 사람을 힘들게 하면서도 본인이 그렇게 하고 있다는 것을 인지하지 못하기 때문이다. 하지만 보통은 상처받아 괴로운 사람들이 상담 받으러 온다. 그들에게 전하는 솔루션은 심플하다. 결국 그가 변하기를 기대하며 내가 변하는 수밖에 없다.

　만약 다양한 인간 군상들을 상대해봤다면 좀 더 유연하게 대처할 수 있을 것이다. 좀 더 자신이 단단해지고 업무 처리를 하는 데 지적할 여지를 주지 않았다면 어땠을까. 자신의 부족함을 치밀하게 연구하고 보완해나가는 것만이 대처할 수 있는 방법이다.

　아직 다 여물지 않은 과실이 지속적으로 거대한 비바람을 맞게 되면 익지도 못하고 바닥으로 곤두박질친다. 상처 난 과실은 상품가치조차 없어 버려지고 만다. 자신이 그런 나락으로 떨어지지 않게 하기 위해서는 자기 스스로에게 심심한 위로를 할 수 있는 용기는 남겨놓고 그와 거리두기를 하라.

> **🩺 코멘트 톡톡!**
>
> 당신을 수치스럽게 만드는 장본인도 수치심에 대한 방어를 하느라 바쁘다. 그의 가련하고 불쌍한 어린 시절에 대해 심심한 위로를 전하며 당신의 자긍심은 잃어버리지 않기 위해 정신줄을 꽉 잡아둬라.

미래에 대한 불안감,
'내 일의 내일을 찾아서'

∷ 원하는 일을 하지 못하는 **슬픔** ∷

화장품 제조회사에 다니는 E씨는 입사할 때 지원한 직무와 다른 부서에 배치되었다. '원하는 부서에 배치되지 않으면 어떻게 하겠습니까?'라는 면접 질문에 입사만 할 수 있다면 어떤 일이든 수용하겠다고 말했던 것이 화근이었나 보다. 좀 더 적극적으로, 자신이 원했던 마케팅 직무를 강하게 주장할 걸 그랬다. 그녀는 경영지원 파트에 속해 온갖 잡무를 담당하고 있다. 책임감은 강하니 맡은 일이야 잘해내어 '일 잘

한다' 소리는 듣고 있지만 스스로 만족스럽지 않다. 보직변경을 신청했지만 받아들여지지 않았다. 이직을 하려 하니 '보수도 좋고 안정적인데 왜 그만두려 하나. 결혼하고 아이 낳고도 계속 다닐 수 있는 회사 많지 않아. 좀 더 버텨봐. 익숙해지겠지'라는 주위의 위로와 격려 속에서 이제까지 버텼다. 하지만 이대로 불편한 옷을 입은 듯 얼마나 견뎌낼 수 있을지 자신이 없다.

"이제는 내가 진짜 마케팅을 하고 싶었나 하는 생각이 들기도 해요. 너무 원하던 길에서 멀어져버린 것은 아닌가 하고요. 잘하는 것과 잘하고 싶은 것의 갭을 줄일 수 있을까요? 일을 하면 할수록 내가 더 잘하고 싶은 일을 하면서 살고 싶다는 생각이 들어요. 그래야 의욕도 생기고 즐거울 것 같은데 마음먹은 대로 되지 않으니, 혹시라도 내가 원하는 모습과 점점 멀어지면 어떨까 두려워요."

S씨는 대학 때 순수미술을 전공했는데 전업 작가나 큐레이터의 길을 가기에는 집안 사정이 여의치 않았다. 도저히 밥벌이가 될 것 같지 않아 컴퓨터 그래픽 학원을 6개월간 다니며 디자인 분야로 취업을 준비했다. 하지만 워낙 전공자도, 경력자도 많은 시장이라 자신의 실력을 보이려 해도 번번이 서류에서 탈락했다. 졸업 후 공백 기간 동안 아르바이트를 전전하다 겨우 중소기업 입사에 성공했다. '월급이 적더라도 일단 경력을 쌓아야 다른 곳으로 이직할 수 있겠구나' 하는 생각이

들었기 때문이다. 지난 1년간 눈물이 마를 날이 없었다. 항상 촌각을 다투어 마감을 요구하는 상사에게 하루가 멀다 하고 혼났기 때문이다. 1년만 채우면 다른 곳으로 이직해야겠다고 생각했었다. 그 이후 회사를 옮겨야지 마음먹었지만 점점 자신이 없어진다.

"아직도 배울 것이 많은데 지난 1년간 혼난 기억밖에 없어요. 버틴 이유는 다들 경력직을 요구하기 때문이에요. 아르바이트할 때보다 못한 월급을 받으면서 버틴 것은 진짜 그 다음 수를 위한 거였어요. 하지만 여전히 저는 손도 느리고 익숙하지가 않아요. 부족한 스킬을 따로 연습해야 하지만 매일 야근을 하니 몸이 축나서 그것도 쉽지 않아요. 다른 곳에 이직을 해도 아마 똑같겠죠. 좋은 사수가 있으면 좀 나을까요? 그런데 아무리 해도 안 된다면? 능력이 따라 주지 않아서 역시 안 된다는 걸 나중에나 알아버리면 어쩌죠?"

두 사회초년생들은 자신의 현재에 대한 불안감, 미래에 대한 걱정과 두려움이 뒤엉켜 있다. 일반적으로 경력을 쌓을 때 만 3년은 되어야 '진짜 일'을 하게 될 거라고 한다. 20대 초반에 다양한 경험을 쌓으면 좋다는 것과는 차원이 다르다. 직장에서 일을 시작하면 그 일 자체가 '나'를 설명해주기 때문이다. '어떤 일 하세요?'라는 질문에 자신이 좋아하고 즐겁고 재미를 느끼는 일이라면 자신 있게 대답할 수 있을 텐데, 왜 그리 어려운지.

좋아하는 일이 아니어서, 잘하는 일이 아니어서 여전히 괴롭다고 말하는 청춘들이 참 많다.

⋮ 될 때까지 하는 끈기 ⋮

<mark>내 마음대로, 내 의지대로 되지 않는 현실은 불만스럽다. '이대로 버텼다가 나중에야 이 길이 아니었다며 깨달으면 어쩌지?' 하는 불안은 누구나 가지고 있다.</mark> 성공하는 사람과 실패하는 사람의 아주 미묘한 차이는 불안을 '어떻게 다스리냐'일 뿐이다.

원하는 일을 하지 못해 불안한가? 원하는 일을 조금이라도 걸쳐놓고 있기 위해 항상 기회를 엿보고 준비하고 있어야 한다. 잘하지 못할까 봐 불안한가? 더 잘하기 위해 노력하지 않은 것이 문제다.

우리가 당면한 현실을 바꾸려면 지금보다 더 용감해져야 한다. 물론 실패할 수도 있다. 실패해서 주저앉아 버리면 그 이상의 변화는 없다. 내 일의 내일을 찾기 위해서는 불안을 다독이고 원하는 방향을 찾아 몸을 돌리고 한 번 더 시도해야 한다. 물론, 될 때까지.

> 🧰 **코멘트 톡톡!**
>
> 변수 많은 미래에 대해 인간이라면 누구나 불안하다. 불안하지 않음을 가장할 뿐이다. 용감해져라. 불안하지만 지금 나의 선택은 옳다고 스스로에게 최면을 걸어라.

040

열정이 떠나간 자리,
'내 열정은 어디에?'

❙ 산 넘어 또 산 ❙

고등학교 때는 좋은 대학에 가기 위해서 12시간씩 공부했었다. 대학 때는 좋은 기업에 취업하기 위해서 전공공부, 영어공부, 자격증공부를 했다. 경험도 스펙이라 아르바이트, 봉사활동, 공모전 같은 대외활동도 열심히 했다. 그러면 진짜 기업이 원하는 인재가 될 거라 생각했다. 핵심인재로 키워져서 기업의 성장에 크게 기여하는, 인터뷰로 만나보는 선망의 인물들 있지 않나. 그들처럼 될 줄 알았다.

그렇게 시간이 흐르고 흘러서 직장인이 됐지만 막상 대학생이 되었을 때 대학에 아무것도 없었던 것처럼 직장에 들어와서도 별 게 없다는 것을 깨닫고야 말았다. 제대로 된 꿈을 펼칠 곳이 직장이 아니라면 나는 또 어디로 가야하나 하는 생각이 들었다. 유학을 갈까? 대학원을 갈까? 또 뾰족한 대안이 떠오르질 않는 것을 보니 결국 어떤 도전도 할 것 같지 않다.

의욕을 꺾어버리는 조직, 그리고 사람

"언젠가 팀장님이 팀 회의를 하자며 모이라 하셨어요. 경기가 좋지 않으니 전사적으로 대책을 마련하라고 지침이 떨어진 거죠. 팀장님이 '아이디어 한번 내봐라' 하는데 다들 침묵만 하더군요. 그래서 그간 영업 다니면서 생각해왔던 아이디어를 풀어봤어요. 그러자 굉장히 냉소적인 반응들이 나오더군요. '돈이 많이 든다, 비용대비 효율성이 떨어진다'라면서요. 그래서 결국 아무 소득도 없이 긴 회의를 끝내야 했죠. 결국 저한테 돌아온 시선은 지금 하는 일이나 잘하라는 것이더군요."

입사 3년차 H씨는 아무리 좋은 아이디어를 내도 상급자들은 들어줄 마음이 없는 것 같다고 생각하고 있었다. 부하직원이 낸 아이디어를 면전에서는 타박하고 마치 자기 아이디어인 양 가로채는 야비한 상급자들에 기가 찼다. 의욕적으로 뭘 해보려고 해도 용인되지 않는 상황은 점점 의욕을 죽이고, 열정을 잦아들게 한다. 그렇다 하여 그대로 주저하고 상실감에 빠진 채 묵묵히 일만 한다면 정말 그 직장생활은 지겨울 것이다.

창의적 인재를 원하던 회사, 지금은 튀지 말라한다

아이디어는 아이디어일 뿐이다. 아이디어가 실현되려면 비현실을 현실로 만들어내기 위한 가공의 시간이 필요하다. 아무리 좋은 아이디어라도 반드시 현실을 반영해야 하고 또 실현시키기 위한 수많은 시행착오가 수반되어야만 빛을 발할 수 있다. 똑같은 아이디어가 시기를 달리했을 뿐인데도 극찬을 받을 수 있다.

'그거 아니야, 너는 틀렸어'라는 핀잔을 많이 듣는다면 좌절하고 그냥 현실에 안주해버릴까 회의감이 드는 것은 너무나 당연한 노릇이다. 그러나 열정적이고 의욕적으로 덤비는 자세를 아직은 버리지 말자.

'왜 안 되는 걸까? 설득하려면 어떤 것을 더 가미해야 할까? 언제쯤이 시기적절할까? 현실을 반영하려면 어떻게 해야 하지? 어디에서 오류가 있을까?'

이렇게 물으며, 좀 더 치밀하고 촘촘하게 기획해야 한다. 항상 상대의 입장에서 어떻게 들릴 것인지를 생각해보자. 당신의 열정도, 모험심도, 아직은 총명하게 살아 있어야 한다.

> **코멘트 톡톡!**
> 수많은 시행착오 끝에 빛을 발하는 경우가 많다. 안 된다는 말에 바로 좌절하지 말고 보다 치밀하고 촘촘하게 기획하여 그들을 설득하라.

어렵기만 한 소통, '도저히 말이 안 통해!'

: 소통과 불통 사이 :

회사가 잘 돌아가려면 무엇보다 소통이 중요하다. 젊은 직장인들은 상명 하달식 조직문화가 답답하게 느껴질 수 있다. 주도적으로 일을 하고 주체적으로 판단하고 성과를 내고 싶지만 아직은 그게 아니라고 하는 보수적인 상급자들과의 관계는 좀처럼 유연해지지 않는다.

"주도적으로 뭔가를 만들고 싶었어요. 창의적인 욕구를 좇아 입사했죠. 그런데 지난 3년간 큰 조직 앞에서 개인은 아무런 존재가 아니라는 생각이 들었어요. 이럴 바에야 창의적인 아이디어로 승부하는 벤처기업 창업이 낫지 않나 생각해요. 더 늦기 전에요. 아직은 젊으니 실패해도 크게 무너지지는 않을 것 같기도 하고, 잘하면 구글 같은 기업에 들어갈 수 있지 않을까요? 거기는 창의적인 소통이 가능하다면서요."

잘 돌아가지 않는 팀의 내부를 살펴보면 고리타분한 선배와 개념 없는 후배가 자리하고 있다. 선배의 입장에서 자신이 맨땅에 헤딩하듯이 지금의 자리에 일일이 부딪쳐가며 올라왔으니 후배가 자신처럼 알아서 일해주기를 바란다. 후배의 입장에서는 조금만 선배가 가르쳐주면 혼나지 않고 효율적으로 일할 수 있으니 '가르쳐주지도 않으면서 쓸데없는 일만 시키느냐'고 한다. 소통의 부재가 원인이 되어 삐걱대기 시작한다.

소통은 관계 안에서의 대화이기 때문에 어느 한 사람만의 일방적 책임으로 틀어지지 않는다. 소통이 안 되는 것은 서로의 입장에 서보지 않았기 때문이다. '그럴 수 있겠다'는 이해가 우선되어야 한다. 상대의 입장에서 이해가 되어야 상대를 설득할 수 있다. 그렇기에 우리는 소통이 되지 않는다고 답답해하는 것을 멈추고 그의 입장에 서보기를 주저하지 말아야 한다.

틀린 것이 아니다. 다른 것이다

직장인 사춘기에 당도했다면 아직 경력과 연륜이 충분하지 않은 부하 직원에게 지시하고 확인하고 감시하는 역할을 하는 상급자의 존재이유가 납득되지 않을 수 있다. 일 못하는 상급자가 자신이 알아서 잘 처리할 수 있는 것인데도 사소한 꼬투리를 잡는다고 하소연한다.

더 좋은 역할 모델을 만나서 멘토로 모시고 부족한 부분을 채워갈 수 있다면 참 좋을 것이다. 항상 나의 의견에 귀 기울여주고 공감하고 용기를 북돋아주는 상급자라면 더없이 좋겠다.

그러나 이 시대의 진정한 멘토는 몇 되지 않는다. 당신의 상급자가 보고 배울 만큼의 대단한 역량을 가지지 못했다고 하더라도 당신보다 더 일찍 시작했고 더 많이 깨졌고 더 많이 걸어갔고 더 많은 굴욕을 견뎌냈다. 당신 자신을 위해 그의 장점은 배우고 단점에서 깨달음을 얻어라. 자신이 몸담은 현재에서 얻는 깨달음이 아무것도 없다면 그것은 대단한 오류다. 지금 당신이 서 있는 그곳을 성장의 발판으로 삼아야 한다. 그래야 한 발 더 나아갈 수 있다.

> **코멘트 톡톡!**
> 불통은 한편의 일방적인 책임이 아니다. 상대의 입장에 서서 생각해보자. 상사의 부족한 부분을 욕하기보다 장점을 살피고, 그를 통해 성장하려는 노력을 기울이자.

직장인이
위기다

: 스트레스 **통제 불능** :

이즈음에서 스트레스에 대한 이야기를 하지 않을 수가 없다. 최근 과도한 스트레스를 이기지 못해 자살에 이르거나 질병에 걸리는 사례가 증가하고 있다. 한 조사에 따르면 스트레스를 받아 질병을 앓은 적이 있다고 응답한 사람이 80퍼센트에 육박하고, 스트레스 정도가 심해 병원 치료 받은 경험에 대한 응답도 40퍼센트에 달했다고 한다. 그다지 놀랍지 않다. 왜냐하면 지금도 많은 직장인들이 스트레스를 받는 중이니까.

"저는 요즘 매일같이 악몽을 꿔요. 구체적인 대상은 없어요. 그냥 일의 무더기 아래에서 짓눌려 있는 느낌이에요. 뭔가 계속 초조하고 버라이어티한 상황 속에서 저 혼자서 이리 뛰고 저리 뛰어다녀요. 잘해내려고 아등바등하는데 꿈의 끝에는 항상 실패하고 좌절하게 돼요."

"며칠 전에 머리가 깨질 것처럼 아팠어요. 도저히 안 되겠어서 조퇴를 하고 병원에 갔더니 과로와 스트레스라고 하네요. 의사 말로는 일을 줄이고 쉬는 수밖에 없대요. 그러나 일을 쉴 수 있는 회사 상황이 안 되는 걸요. 연차를 쓸래도 당당하게 쉴 수가 없어요. 어찌나 눈치가 보이는지."

"팀장 얼굴만 봐도 심장이 쪼그라들어요. 매서운 눈초리로 어디 지적할 것이 없나 찾고 있거든요. 실수하면 잘 걸렸다 싶은지 다른 사람들 앞에서 큰 소리로 지적해요. 상사가 직원을 가르치고 키우고 싶다면 좀 더 현명하게 할 수 있는 거 아닌가요? 얼마 전에는 신경정신과에 가서 신경안정제까지 처방받았네요. 팀장이랑 안 마주치려고 매일같이 외근을 만들어요. 이렇게까지 해서 회사 생활 계속 해야 하는 걸까요?"

한 개인이 통제하지 못할 수준의 스트레스는 자신감을 떨어뜨리고 몸은 망가뜨리고 관계도 망친다. 이러한 악순환이 계속 반복되다가는 개인에게도 회사에게도 득 될 것이 없다.

이럴 때 개선의 노력을 하려는 사람도 있을 것이다. 차라리 병가를 내고 휴식을 통해 재충전을 해서라도 일을 계속 하는 것이 낫지 않겠냐고. 나도 처음에는 그런 의견에 동의하고 좀 더 버텨볼 생각을 해보는 것이 어떻겠느냐고 조언하기도 했다. 하지만 '죽을 것 같은 위기'는 개인에게 두려움과 공포를 불러일으키고 정말 최악의 극단적인 선택을 할 수도 있는 감정이라는 것을 이해하고 난 뒤에는 이것이 해결책이 될 수 없겠다는 생각이 들었다.

무엇이 옳은 선택인가를 일반적인 기준으로만 잴 수는 없는 노릇이다. 피할 수 없으면 즐기라는 말은 누차 들어왔고 여기에서 포기하면 실패자가 되고 다시 회복이 되지 않을 만큼 어려워진다고 말하기도 한다. 그러나 즐기는 것조차 힘든 상황이 있을 수 있다. 때로는 즐길 수 없는 상황이라는 판단 하에 피하는 것도 방법일 수 있다.

즐길 수 없다면 피해라

이는 '나의 타입이 어떻다'라는 것을 잘 알고 있을 때에 바람직한 선택이다. 인생을 살아보니(아주 많이 산 것은 아니지만) 보다 더 나은 선택을 할 수 있는 기회는 얼마든지 있었다.

만약 즐길 수 없다면 피해야 하는 위기는 또 있다. 회사 자체의 위기가 있을 때 위험을 감지하고 피하는 것은 어쩌면 당연한 수순이다.

어떤 CEO가 자신의 성공 뒤에는 함께 해준 직원들이 있었기 때문이라며 감동적인 이야기를 한 적이 있다. 회사가 승승장구하다가 시장의 변화 때문에 도산의 위기까지 닥쳤을 때 자신들의 급여를 반납하고라도 회사에 남아서 회사를 살리고자 애를 썼다는 훈훈한 이야기다. 이런 이야기를 들으면 진즉 위기를 직감하고 퇴사를 한 직원들이 더 바람직한 선택을 했다고 하기 어려울 수도 있겠다.

생각해보면 인생은 우연과 운의 연속인 것 같다. 선택은 계속되어야만 하고 선택한 후에는 새로운 길이 펼쳐진다. 모두가 버티라고 할 때 과감하게 일탈을 선택하면 어떤가. 모두가 도망치라고 할 때 우직하게 버텨내면 어떤가. 위기를 극복하는 데에는 한 가지 방법만이 있다는 생각에서 벗어나자. 그리고 자신의 선택을 믿어야 한다.

> 🧰 **코멘트 톡톡!**
>
> 지금 처한 상황이 잘못된 방향으로 흐르고 있다며 상황을 원망하고 후회하고 있지만 말라. 부정적 에너지를 쓰는 시간은 정체이다. 현재 자신의 태도와 의식부터 점검하라. 해답은 당신 안에 있다.

직장의 노예를
거부하라

: 노예근성에 젖어든 당신 :

월급을 직장에서 버티게 하는 예방주사나 마취제쯤으로 여기고 살아가는 직장인을 우리는 샐러리맨이라 부른다. 말 그대로 봉급생활자이기 때문이다. 하지만 자신의 하루 중 가장 핵심적이고 중요한 시간을 쓰는 일터에서 일을 하며 월급 이외에 얻을 수 있는 것이 없다고 단정한다면 경력관리를 해야 할 필요가 있을까.

아무 생각 없이 주어진 일만 묵묵히 해내는 것으로 개인의 능력을 판단하기는 어렵다. 뜨거운 열정을 쏟았던 적이 언제인가. 하늘 높은 줄 몰랐던 자존감이 바닥을 치기 시작한 때는 언제인가. 새벽별을 보고 출근하고 높이 뜬 달을 보며 퇴근하는 삶의 고단함을 하소연하기 이전에 오늘 하루를 어떤 의미로 채웠는가를 돌이켜봤을 때 한숨만 내쉬게 된다면 그 일을 대체 왜 하고 있는가.

지금 당장 일을 때려치우고 새로운 일을 찾으면 열정이 샘솟을 거라는 기대는 하지 말자. 잠든 열정을 깨우고 자신의 삶을 재정비하지 않고서는 일을 바꾸거나 직장을 바꾼다 하여 새로워지기는 어렵다.

자기주도적 삶을 선택하라

우리의 삶에 대한 태도, 일에 대한 태도가 지금의 결과를 말해준다. 누구에게나 있는 난관이다. 나에게만 이런 상황이 생긴다고 생각하는 것 또한 통제소재가 외부로만 향해 있어서 그러하다. '지금 이런 어려움은 내 탓이 아닌, 남 탓이야. 환경 탓이야. 비전 없는 회사 탓이야. 개념 없는 상사 탓이야. 어이없는 갑 탓이야'라며 탓만 하다가는 세월 다 보내고 발전이 없다. 타인에 의해 좌지우지 되는 삶은 불편하고 속박되는 듯해 답답하다. 우리는 스스로 관장하는 삶에서 자유를 느낄 수 있다.

교육컨설팅 업체의 N대리는 프로젝트를 담당해 운영하던 중이었다. 수주를 하고 챙겨야 할 것이 한 둘이 아니었는데 제안 과정에서 예상하지 못했던 날짜라는 변수가 생겼다. 공휴일이 껴있어서 그 날에 일정을 소화하지 못한다고 했더니 고객사에서 그냥 무조건 진행하라고 했다. 고객사의 뜻이니 어쩔 도리 없이 그대로 진행했다. 고객사에서는 수일이 지나서야 갑자기 그 날에 진행을 못하겠다며 일정을 다 틀어버렸다. 기가 막힌 나머지, '그때 제가 분명히 확인 드린 바 있습니다. 어쩌나요?'라고 물었다. 상대는 자기네는 책임 없다며 알아서 마무리하라고 통보했다. N대리는 고객사의 태도에 너무 화가 났다. 결국 연락했던 담당자들에게 머리를 조아리며 다시 일정을 조율해야만 했다. 처음에는 고객사 측 담당자가 개념 없고 나쁘고 책임 면피하는 이상한 사람으로 생각했으나, 만약 프로젝트 매니저로서 좀 더 분명하게 일정을 챙겼다면 이렇게 꼬이는 상황을 만들지는 않았으리라는 생각이 들었다. 자신에게 책임을 돌리고 스스로 반성하는 계기가 되고 나니 이후 더 꼼꼼히 챙기게 되고 업무 전체를 관장하니 프로젝트 성과도 좋아졌다. 만약 그가 고객사의 갑질만 비난하고 억울해했다면 어땠을까?

월급 마취제 중독에서 **벗어나라**

누구나 자기의 자리에서 최선을 다해 열심히 일하고 있다고 믿는다.

평범하거나 하찮은 일이라도 즐거운 마음으로 일하는 사람을 보면 괜히 미소가 지어지는 이유는 자신의 일에 최선을 다하고 있음이 전해지기 때문이다. 어떻게 이 일터에서 도망치고 일의 굴레에서 벗어날까만 궁리하는 사람에게는 유쾌하지 않은 아우라가 느껴진다. 물론 그가 느끼는 위기감을 짐작하고 먼저 챙겨서 다독이는 상사라도 있다면 그의 어려움은 조금 가벼워질 텐지만, 그래봤자 그의 상급자도 직장인일 뿐이다. 자신의 안위를 걱정하고 집안의 우환을 짊어지고 일을 끌어안은 직장인이기에 쉽게 그러한 아량을 기대하기는 어렵다.

나는 당신이 아직도 한참 멀리 걸어가야 하는 직장인이라는 것을 잘 알고 있다. 그리고 언젠가 직장인으로서만 살아가는 것이 아니라 비즈니스맨이 될 것이라고 예견하고 싶다. 한 달 월급과 연봉에 부화뇌동하지 않고 경력을 잘 다져가면서 내 일에 대한 자부심으로 살아가길 바란다. '어디 회사의 누구'가 아니라 '직업인 누구', 'OO영역의 전문가 누구'라 자신을 소개할 것을 기대한다. 그 기대, 계속해도 될까?

코멘트 톡톡!

직장의 노예로 살기를 거부하라. 샐러리맨으로만 살지 마라.
뜻한 바대로 걸어가는 족적들이 당신을 설명해줄 것이라 믿어라.

나 오늘
사표 쓴다!

⋮ 용감하게 사표를 던지는 **상상** ⋮

상상만 해도 짜릿하다. 그동안 말 같지도 않은 이유로 멸시하고 조롱했던 상사, 자기밖에 모르고 챙겨주지 않던 선배, 남의 말 전하기 바쁜 동료, 개념 따위 없는 후배, 융통성이라고는 찾아볼 수 없는 경직된 조직문화, 항상 주먹구구인 업무처리 방식, 재미없는 일 무더기와는 이제 안녕이다. 이곳만 벗어나면 모든 것이 해결될 것만 같다. 오래 묵은 체증이 뻥 뚫려서 그간 인고의 세월이 다 보상받을 수 있을 것이다.

상사의 얼굴에 사표를 던져버리고 종이 상자에 몇 가지 짐을 챙겨 당당히 회사 문을 열고 나간다. 회사에 사표를 내고 이대로 끝났으면, 청춘의 뒤편에 좋은 기억으로든 나쁜 기억으로든 남겼지만 불안하고 위태로운 회사여 이제 안녕.

"이제 이 회사와 당신에게 정나미 뚝 떨어졌습니다. 우리 다시는 어디에서고 엮이지 맙시다!"

그러나 그런 일은 상상 안에서나 가능한 일이었다. 정작 '회사가 싫어서, 바로 당신이 싫어서 나갑니다'라고 솔직하게 이야기할 사람이 진짜 있을까? 그렇게 했다고? 당신, 정말 용감하다. 그런 배짱 있다면 남의 시선 따위 신경 쓰지 않는 멘탈 갑으로 인정해드리리.
하지만 대부분의 직장인들은 퇴사를 결정한 뒤 이런 점이 궁금하단다.

"퇴사하기로 마음먹었는데 사유에 대해서 어떻게 이야기하면 좋을까요?"

당신은 직속상관을 독대하여 만나는 자리에서 매우 난처하고 난감한 표정으로 솔직함 반 스푼과 거짓 반 스푼을 잘 섞어서 연기를 펼칠 것이다. 솔직함의 근거에는 그간 회사에 대한 불만이 많았으나 잘 생각해보니 나의 부족함이 많았다든가, 잘 배려해주신 점에 대해서 감사하다든가 하는 회자정리의 의미가 담겨 있다. 거짓의 근거에는 이미 퇴사 전 이직을 결정해야 한다는 것쯤은 알고 있어서 이직이 당장 2주 뒤로 결정되었는데 좀 쉬면서 재충전의 시간을 보낼 거라고 한다든가, 동종업계의 경쟁사로 갈 거면서 전혀 다른 업계로 가게 되었다든가 듣는 이가 배신감이라는 부정적 정서를 갖게 하지 않기 위한 배려가 담겨 있다.

물론 더 다양한 의미와 배려가 있을 수 있겠다. 그럼에도 불구하고 퇴사서류에는 자세히 기록하지 않기로 한다. '개인사유', 참 많은 내용이 담겨 있다. 퇴사를 한다고 물론 뒤에서 욕은 할지 모르겠지만 남의 말, 뒷말까지 신경 쓰다가는 신경쇠약에 걸릴지도 모른다. 무시하자. 자기변론을 할 만한 여력은 좀 더 필요한 곳에 사용하도록 하자.

여전히 가슴 속에 품어 둔 사직서

만 3년을 함께 일했던 동료들을 만나 이야기를 나눴던 적이 있다. 시간이 지나 누구는 프리랜서로 전향했고 누구는 사업체를 꾸렸고 누구는 다른 업체로 이직했다. 비슷한 또래의 동료들이다 보니 선의의 경쟁자이자 직장생활의 희로애락을 나누는 지지자 역할을 해왔던 사이였다. 오래 만난 사이에는 옛 추억을 더듬게 마련인데 '그때가 좋았던 것 같아'라고들 회고했다. 모두가 힘들 때 함께 힘들어하고 같이 나누고 위로하고 기쁠 때 함께 기뻐하며 성과에 자축하고 용기를 북돋아 주던 시절이었다. 비록 각자의 길을 찾아 떠나고 미운 정 고운 정 들었던 것도 추억처럼 곱씹지만 '결국 사람이 남는구나'라는 생각을 하게 되었다. 그래서 머문 자리는 아름답게 남아야 한다던가. ==떠나는 뒷모습이 아름답게 기억되기를 바라며, 사직서는 가슴에 고이 품어두었다가 꺼내드는 마지막 카드여야만 한다.==

한쪽 품에 사직서 한 장씩 담아두지 않은 사람이 어디 있을까. 누군가의 부하직원이 아니라면, 누군가의 직속선배가 아니라면, 누군가를 갑으로 모시고 있는 을이 아니라면, 혹은 미생이 아니라면 이런 상황을 맞닥뜨리지 않았을 텐데. 돈이 어마어마하게 많았다면 갑중의 갑으로 살 수 있어서 이런 과정은 겪지 않을 텐데. 미친 현실, 미친 상황, 미친 사람들 속에서 계속 버텨야 할 자신이 없다. 그러나 당장 내야 할 공과금, 세금, 관리비가 마음에 걸린다.

이런 생각, 이런 마음, 이런 감정, 이런 욕구들에 반응은 왜 항상 똑같은가. ==매일 반복되는 무기력한 직장생활과 시체처럼 잠드는 일상을 반복하는 직장인이여, 사직서를 던지기 이전에 당신의 직장인 사춘기를 다스려라!==

> 🧰 **코멘트 톡톡!**
> 짜릿하게 사표를 던져버리는 상상과 현실은 갭이 너무 크다.
> 반복된 일상의 노이로제도 이제 그만. 직장인 사춘기를 다스리고 진일보하라.

회사라는 조직과 나, 그 복잡하고도 오묘한 관계

CHAPTER 01

회사는 철저한 이윤추구 조직

조직적 인간에 대한 강요

: 사회가 변하는 만큼 **빠른 조직의 변신** :

사원수 200명 규모의 중소기업에 다니는 D씨는 요즘 부쩍 마음이 불편하다. 매년 주기적으로 조직개편이 있어 인사평가와 부서이동이 잦기 때문이다. 일할 만하면 바뀌고 적응할 만하면 변하니 좀처럼 마음이 안정되지 않았다. 사업관리 업무를 하다 보니 외근이 많고 고객사 관리며 업무 스케줄링이며 하루가 너무 바쁘게 돌아가고 있었다. 갑작스러운 인사이동에다 체계 없이 직급이 주어지니 혼란의 연속이었다. 조직이 안정화되었다면 이러한 변화가 잦을 리 없다는 생각에 미치자 진즉 공기업 입사를 준비했어야만 하는 것은 아니었는지 후회가 몰려오기 시작했다. 그러나 뒤늦은 후회로 바뀔 수 있는 상황이 아님을 알고 있다. 어떤 선택을 하는 것이 더 나을까? 현재의 상황에서 더 훌륭한 대응을 위한 선택이 있을까? 기업이라는 조직에 대한 이해 없이 어떤 결단을 내리기 보다는 더욱 신중한 고민이 필요하다.

조직을 대하는 개인의 딜레마

회사는 조직사회를 구성하고 우리는 조직의 일원으로서 조직의 목적에 공헌하고 이를 통해 생계를 유지하게 되어 있다. 조직 안에서 일하고 창의성을 발휘하고 경험하고 학습하고 보다 더 성숙하게 된다. 조직이란 개인의 안위를 지켜주고 사람을 위해서 존재하는 것인데 어딘지 모르게 사람이 조직을 위해 존재하는 것처럼 주객이 전도된 것 같다. 직원 한 명 한 명은 소중하지만 조직의 존재에 위협이 된다면 개인의 희생은 아무렇지도 않게 된다. 이것이 조직적 인간에 대한 강요로 인한 개인의 딜레마다. 조직은 하나의 살아 있는 생물처럼 움직이고 조직 안에 수십, 수백, 수천 명의 사람들의 생계가 걸려 있다. 따라서 더 많은 이익을 만들어내어 나누고 더 많은 위험을 감수하며 살아남기 위하여 몸부림치는 것이다. 조직의 변화는 그렇게 불시에 찾아온다.

현재에 머무르면 당장은 안정감을 느끼겠지만 혁신에 대한 요구는 반드시 당면한다. 일하다 보니 '이 분야가 앞으로 블루오션이다!'라는 촉이 발동되면 너도나도 뛰어들어 금방 레드오션이 되어버리고, 내가 몸담고 있는 분야의 시장은 이미 포화상태라는 것을 깨닫게 된다. 어느 정도 성장은 하겠지만 그 이상을 뛰어넘지 못한다 싶으면 새로운 무엇을 찾느라 분주해진다. 한 개인에게도 지금 현재에 머무르지 않으려면 도전하고 혁신하라는데 조직이라면 더욱 당연한 요구이다. 그 조직 안에 둘 이상의 무리가 지어져 있다고 가정하면 그들 한 명, 한 명의 생계와 직결되어 있어 더 중대한 결정사안이 되는 것이다.

그렇기에 조직을 이룬 회사는 그렇게 변화, 아니 혁신을 꾀하며 '덩치를 늘렸다 줄였다, 신사업을 찾았다가 접었다가, 조직을 갈랐다가 합쳤다'를 시도한다. 환경 변화를 지극히 싫어하는 사람이라면 불편하고 번거로울 테지만 잘 생각해보면 급격한 시대적 변화에 적응할 수 있는 역동적 인간으로 성장할 수 있는 기회일 수 있다.

: 조직적 인간다움 :

회사는 회사가 만들어 놓은 방침과 변화에 직원들이 잘 따라주기를 바란다. 또한 시대의 요구에 발맞춘 변화에 따라 직원들이 이대로 머물면 죽는다는 심정으로 일해주기를 바란다. 그 마음이 조직의 의사결정 권한을 가지신 높으신 분들만의 뜻일까. 그렇다면 묻고 싶다. 당신이 몸담고 있는 회사의 의미는 무엇인가? 일한 시간만큼 돈을 주는 곳? 당장은 이직할 곳이 없으니 머무르는 곳?

회사는 당신이 조직적이기를 기대한다. 진화하는 조직에서 좋은 문화를 끌어나가고, 시행착오를 겪는 가운데 당신이 있어주기를 바란다. 그것을 강요로 본다면 그 조직이 잘 맞지 않아서가 아니라 당신 스스로 조직적인 사람이 아님을 증명하는 것이다. 회사의 녹을 받는다는 것 이상의 의미를 기대하는 직장인이라면 반드시 조직적 인간다워야 한다. 그래야 오래 살아남는다.

> **코멘트 톡톡!**
> 조직적 인간에 대한 강요에 마냥 순응하라는 말이 아니다.
> 스스로 변화를 계속해야 진화하고 보다 오래 살아남을 수 있다.

회사의 안전장치는
더 이상 없다

안전만 추구하면 날벼락 맞는다

50대의 중년남자가 라디오에 사연을 보냈다. 어느 날, 갑작스레 회사는 도산했고 실업자 신세가 되었다. 한 직장에서 25년간 지각 한 번 하지 않고 열심히 일했던 그에게는 날벼락이 아닐 수 없었다. 하늘이 무너졌지만 자신만 바라보는 가족을 위해 다시 힘을 낼 수밖에 없었다. 그래서 그는 제2의 인생을 위해 커피 바리스타에 도전한다고 한다. 그리고 자기 자신에게 용기를 담아 외치고 싶다고 했다.

'새로운 도전을 위해, 파이팅!'

충성스럽게 직장에서 몇 십 년을 일한다는 것은 실로 대단한 일이다. 하지만 갑작스러운 비보로 하루아침에 삶의 터전을 잃어버린다면, 그 충격은 한 개인의 문제를 넘어서 가정의 문제로 번진다. 그렇기 때문에 은퇴 전 제2의 인생을 선택하고 준비하라는 목소리가 커지는 것이다.

대학을 졸업하면서 사회에 나서는 취업준비생들은 안정된 직장을 1순위로 꼽는다지만 그 안정감이 얼마나 오랫동안 보장될 것이라 기대하고 있을까? 오래 다닐 마음으로 첫 직장을 신중히 고르면 그 다음의 일은 알아서 술술 풀릴 거라는 판타지를 품기도 한다. 적절한 보수와 자신에게 적합한 일이라면 한 곳에서 오래 머물고 싶은 마음이야 비슷할 테지만 안정된 삶을 보장받기를 기대하고 안일하게 직장생활을 하게 되었을 때는 자칫 뒤통수 맞을 일이다. 이 때문에 사람들은 저마다 전문성을 좇고 자기 계발을 한다. 자기 밥그릇을 잘 챙겨야 남에게 자리를 빼앗기지 않고 직장에서 살아남을 수 있다는 사실을 알고 있기 때문이다.

⋮ 회사와의 상생을 위한 **직장인의 고민** ⋮

직장에 몸담고 있는 이상 개인과 회사가 더불어 상생하기 위한 노력을 해야 한다. 직장을 다녔다는 이력은 어딘가 스쳐지나갔다는 것이 아니라 머물렀다는 의미이고 당신이 머무른 자리는 향기롭고 아름다워야 하기 때문이다.

회사와 상생을 위해서 별 다른 게 있을 거라 기대하지 않아도 좋다. 다음의 세 가지면 된다.

- 철저히 이익집단인 회사의 매출을 올리는 데 일조한다.
- 비용을 줄여 원가절감에 앞장선다.
- 창의적인 아이디어로 새로운 먹을거리(사업 아이템)를 기획, 개발한다.

이 세 가지 덕목을 회사가 기대한다. 경기는 살아날 기미가 없고 매년 적자를 보거나 겨우 본전만 찾는 기업들이 태반이다. 기업을 운영하는 사장님들, 어떻게든 흑자를 기록해야 직원들 월급 줄 맛도 나고 회사가 성장하여 경영에 흥이 날 터인데 쉽지 않다며 쓴 입을 다신다. 요즘은 초일류 기업도 위기를 부르짖는 터라 '사업하면 망한다. 사업하지 마라'고 조언하는 사장님들, 그저 망하지 않기 위해 버틴다는 사장님들의 목소리는 남의 이야기만은 아닌 것 같다.

매출 압박의 부담과 스트레스가 이만저만 아니라는 영업부 O씨는 경기침체와 시장위축을 매출저하의 원인으로 해석하고 자기위안을 삼으며 일해왔다. 하지만 그는 회사의 매출 선봉장으로 서 있고 열심히 일해야 하는 마땅한 역할을 부여받았다. 그저 '압박을 받는다, 스트레스 쌓인다, 힘들다, 이 일 그만둘까'로 이어진다면 어떤 일에서도 비슷한 결과를 맞게 된다. 회사와의 상생을 위해서는 자신의 위치에서 할 수 있는 것이 무엇인지 고민해야 한다. 그는 의무적으로 써야 하는 업무일지를 넘어서서 자신만의 현장 매뉴얼을 작성하기 시작했다. 선배들의 노하우, 고객들의 목소리 등을 꼼꼼히 기록하고 정리해놓았다. 딱딱한 업무매뉴얼과는 다르게 생생한 사례까지 담은 내용이 쌓이면 나중에 후배들을 위해 물려줄 수 있으리라. 나아가 책을 쓰겠다는 포부까지 가진 그의 모습에서 성공의 후광을 예측할 수 있었다.

조직을 위해 할 수 있는 일

회사와의 상생을 위해 당신의 회사 내 직급이나 역할이 매출과는 직결되지 않는 부서라 하더라도 자신에게 부여된 역할을 실수 없이 진행하며, 회사의 손실을 최소화해야 한다. 아주 사소한 것 같지만 회사의 비품마저 아끼는 자세도 중요한 기본이다.

내 경우에는 한창 직장에서 실무를 담당하여 책임이 늘어났을 때, 회사에서 요구하는 매출과 원가절감, 아이템 개발에 대해 곰곰이 생각해본 적이 있다. 맡은 업무만 열심히 하면 절로 매출에 기여할 수 있을 거라 생각했는데 그렇지 않았다. 원래 하던 일을 잘하는 것은 너무

나 당연한 일이고, 그보다 몇 곱절 노력해서 월등한 업무성과를 내야 한다는 것이 어찌나 부담스러웠는지 모른다. 또한, 실적을 내려 버둥거리는데 내가 잘하고 있는 것인지 확신이 들지 않아 혼란스러웠다. 부담은 내가 극복해야 하는 산이었다. 그리하여 내가 할 수 있는 것의 최선을 선택하기로 했다. 추가적으로 요청받는 업무를 주저하지 않고 하겠다고 하고, 알아서 팀 경비 지출을 줄여보려 짠순이처럼 행동하고 업무와 직결되는 아이템을 찾아 기록하고 제안하려 했다. 물론 누가 알아주지 않았다. 알아주길 바라고 했던 것은 아니었다.

관점을 바꾸면 세상이 달리 보인다고 하는 말은 진정 진리였다. 회사가 안전한 보호막이 아니기 때문에 자기 밥그릇을 잘 챙겨야 한다는 말도 옳은 말이다. 이를 위해 자기 계발도 하고 개인 브랜딩을 하는 데 시간을 투자하라는 말 또한 격하게 동의한다. 회사가 나를 쓰다 버릴 소모품으로 여기도록 그냥 둘 것인가? 스스로 소모품이 되지 않으려면 서로 이용하고 이용당하는 관계에서 벗어나 상생할 수 있는 방법을 모색해봐야 한다. 아무리 궁리해도 없다고? 그러면 떠나라. 그 회사와 당신은 영 궁합이 안 맞는 것이다.

코멘트 톡톡!
회사는 안전하지 않고 완전하지도 않다. 불안하고 불완전하기 때문에 당신이 필요하다. 당신은 회사를 위해 무엇을 할 것인가?

야근 권하는 회사?
야근을 선택하는 직장인

야근중독자의 하루

매일 같이 야근을 하지만 야근수당 따위 없다고 한숨 쉬는 직장인들을 종종 만난다. 그들에게 야근을 하지 않고서는 절대 처리할 수 없는 일을 맡고 있는가에 대해 물었다. 그들은 일이 너무 많아서 근무 시간 내에 다 처리하는 게 불가능하다고 말했다.

그런 적이 있었다. 처음 맡게 된 프로젝트 때문에 정신없이 전화하고 메일링 하다 문득 다른 이들은 어떻게 일하고 있는지 궁금해 파티

션 너머로 관찰해봤다. 누군가는 쇼핑몰을 뒤지고 있고, 누군가는 인터넷 뉴스를 무심하게 클릭하고 있고, 누군가는 SNS 톡을 보내거나 메신저를 하고 있었다. 더구나 이어폰을 귀에 꽂은 채 야구동영상을 보는 모습이란! 기가 막혔다. '회사 일을 나 혼자 다 하는 거야?' 싶었다. 얼마 후 퇴근 시간이 넘어가자 몇몇은 주섬주섬 책상을 정리하여 퇴근 준비를 하고 누군가 '저녁 드실 분?'이라고 말했다.

'저 얄미운 인간, 아까 동영상 보던 누구였지. 내내 일 안하다가 회사에서 저녁까지 때우고 갈 모양이군! 아, 밥도 같이 먹기 싫어!'

생각해보면 참 까칠하고 예민한 날이었다. '그 사람이 무슨 잘못이라고. 어떻게 사람이 매일같이 일에만 파묻혀 살 수 있어. 그런 날도 있어야지'라며 좀 더 너그럽게 바라봐줄 것을 그랬다.

직장생활 중에 참 야근을 많이 했다. 말단사원일 때는 상사가 퇴근하기 전에 퇴근을 하면 안 된다는 직장인의 암묵적 룰을 지키기 위해서였다. 더구나 야근을 해야 열심히 일하는 사람처럼 보였다. 그리고 점점 실무를 담당하면서 업무량이 많아지니 상사의 퇴근시간에 눈치를 보지 않아도 알아서 야근해야 했다.

⋮ 산처럼 쌓인 일감 줄일 수 없을까 ⋮

매일같이 아침에 출근하자마자 처리해야 할 업무가 정해져 있고, 그

것을 정해진 시간 내에 해냈다면 야근은 필요 없었을지도 모른다. 제안서, 기획안, 결재서류를 작성하는 데 아이디어가 샘솟고 업무 진척도가 빨랐다면 참 좋았겠지만 어떻게 해야 할까 구상하고 풀리지 않으니 커피 한잔 마시고, 머리가 아프니 바람도 쐬어 주어야 하고, 이렇게 저렇게 시간을 보내다가 저녁 먹고 와서 일하자 하니 야근이 되어버렸다. 어차피 야근이다 맘먹었으니 천천히 하지 뭐. 이런 마음 단 한 번도 없었을까? 음, 있었다. 솔직히.

동료 중 누구는 새벽같이 영어학원에 다니고 퇴근 후에 헬스까지 한다며 부러워하는 것으로 끝내지 말고 스스로 시간을 잘 관리하고 있는가를 생각해볼 필요가 있다. 자기 시간 확보를 위해 당신이 이미 다 알고 있는 시간관리 기법을 여기에서 다시 풀어내고 싶지는 않다. 어렵고 복잡한 기법으로 매일 실천이 어렵다면 아주 단순한 방법에 대한 일화 하나를 소개하려 한다.

철강왕 앤드류 카네기에게 채용되어 38세에 전문경영인이 된 찰스 슈왑의 이야기다. 그가 매일 너무 많은 일을 하느라 정신이 없을 때 아이비 리라는 남자가 그를 방문하여 일의 효율성을 높일 방법을 제안했다.

"지금부터 매일 밤 종이 한 장에 내일 아침의 목표를 이루기 위해 해야 할 가장 중요한 여섯 가지를 적으십시오. 그리고 중요한 순서대로 번호를 매기는 겁니다. 이 순서대로 일을 해나가고 매일

이것을 반복하십시오. 이 방법을 원하는 시간만큼 쓰시고 이 방법이 가치 있다고 생각되면 그 금액만큼 수표를 주십시오."

한 달도 되지 않아 아이비 리는 2만 5천 달러의 수표를 받았고, 찰스 슈왑은 5년 후 세계에서 가장 큰 철강회사의 사장이 되었다. 이를 습관처럼 매일 실행하는 것 또한 쉬운 일은 아니다. 그러나 이 단순한 이치를 몸소 체득하지 못해 항상 제자리에 머물러 야근을 계속 해야 한다면? 그게 더 끔찍한 일이다. 때문에 실천하도록 하자. 단순하다. 그저 매일 쓰는 다이어리에 해야 할 일 목록 여섯 가지를 적고 한 일을 지워나가는 것이다.

⋮ 야근금지 **선언** ⋮

모 중소기업의 A대표는 직원들에게 앞으로 야근을 하지 말라고 선언했다. 직원들은 기가 막혔다. 일이 많은데 야근을 하지 말라는 건가? 오해였다. 그 말인 즉, 불필요한 야근을 줄이고 시간 관리하라는 말이었다. 실제로 대상그룹, IBK기업은행, LG이노텍 등 여러 기업들이 정시 퇴근제를 시행하고 있다. 단순히 야근을 줄이는 것에서 나아가 정해진 시간 안에 업무에 집중해 일의 효율성을 높이는 효과를 노린 것이다. 그 덕분에 커피타임, 담배타임이 줄어들어 직장생활의 낙이 사라졌다는 원성도 있다. 하지만 그로 인하여 저녁시간을 의미 있게 사용할 수 있게 되었다. 단지 야근과 잔업에 익숙한 직장인의 회의적인 태도가 장벽이었다. 하지만 사람이 참 간사하게도 하다보면 또 적응된다.

이와 같은 조직적인 변화를 기대하기 어렵다 하더라도 스스로의 직장생활에 대해 개선의 여지를 한번쯤 고민해보면 어떨까? 회사는 야근을 강요하기도 하고 강요하지 않기도 한다. 야근을 해야 일을 잘하고 열심히 하는 사람, 야근하지 않으면 뺀질거리고 자기만 생각하는 사람이라는 생각은 편견이다. 오늘도 내일도 야근을 선택하고 일 무더기와 스트레스에 깔려 탈진해버리는 직원을 회사는 반기지 않는다.

> **코멘트 톡톡!**
> 일 잘하는 직원은 매일같이 야근을 하는 사람이 아니다. 같은 시간에 보다 빨리 최적의 성과를 내는 사람이다.

착한 직장인
혹은 이기적인 직장인

착한 아이 콤플렉스에 빠진 **직장인**

어린 아이가 기특한 일을 하면 흔히 '아유, 착하네'라는 말을 듣는다. 아이는 착한 아이여야만 칭찬받고 인정받을 수 있다고 생각하며 성장한다. 어린아이의 의존욕구를 억압하게 되면 아이는 '착한 아이' 소리를 듣기 위해 '착한 행동'을 의식적으로 하게 된다. '착한 것은 좋은 것', '착하지 않은 것은 나쁜 것'이라고 내면화하여 착하지 않으면 사랑받을 수 없다고 생각하게 된다. 그러면 다른 사람의 눈치를 보고 자기 의사 표현은 줄이고 타인의 요구에 따라 행동하게 된다.

상담을 하다 보니 생각보다 많은 사람들이 자기주장은 못하고 남을 배려하다 자기 일을 소홀히 하는 '착한 아이 콤플렉스'에 빠져 있었다. 자기 목소리를 내기 어려우니 엉뚱한 곳에서 심리적 문제가 발생한다. 그래서 때로는 '착한 아이'여야만 한다는 강박관념에서 자유로워지라고 주문하고는 한다. 그래야 좀 더 자기 자신을 보살필 수 있게 된다. 착한 아이의 반대가 나쁜 아이는 아니기 때문이다.

여기에서 말하는 '착함'은 긍정적인 의미만을 담고 있지 않다. '마음이 곱고 어질다, 선하다'는 의미의 착함이 경쟁사회에서는 무능하거나 남에게 이용당하거나 너무 순진하다는 의미이기 때문이다.

"어린 나이에 입사해서 막내였으니 꼼수 없이 정말 열심히 했어요. 입사할 때 사장님이 제 역할이 회사의 살림꾼 역할이라고 한 것에 대한 책임감도 컸고요. 제 역할이 그러하니 회사 직원들이 요구하는 사항들을 챙겨야 하는 것은 당연한 거지만 가끔 당황스러울 때가 있어요. 간혹 직원들 중에 너무 뻔뻔하게 사소한 것까지 떠넘기는 경우가 있는데 거절도 못하고 꾸역꾸역 하다 보니 너무 벅차요. 부장님은 그래도 해야 한다고 책임만 지우세요."

중소기업 사무직 4년차 K씨는 전문대학을 졸업하고 어린 나이에 입사하여 총무를 담당하고 있다. 급여정산과 근태관리, 비품관리 등을 담당하며 회사의 살림꾼으로 통한다. 총무부의 특성상 사내 다양한 불편사항을 직원들이 토로하면 이를 해결하기 위해 나서야 하고 사장의 비서 역할까지 해야 한다. 늘 웃고 싹싹하여 많은 사람들에게 좋은 평판을 받고 있지만 정작 K씨 본인은 속으로 괴로움을 삭히고 있다. 너무나 사소한 일까지 직원들의 불평불만을 들어주고 상사들의 히스테리까지 받아주다 보니 점점 회사를 다니는 것이 힘겨워졌다. 그녀의 괴로움은 자신이 그저 '부탁하면 잘 들어주는 착한 직원'이라 여겨져 쉽게 이용당하는 것 같은 부당함에서 근간하고 있었다. 그녀에게 필요한 적절한 코칭은 '착하되 자기 목소리를 낼 줄 아는 것'이었다.

물론 타고난 성격은 쉽게 변하지 않는다. 오히려 ==타인을 배려하는 성품을 가지고 있다는 것은 분명 강점이다. 하지만 그것이 불편하다면 자신의 그런 성격으로 인해 피해입고 싶지 않다거나 쉬운 사람으로 보이고 싶지 않다는 욕구가 생겼기 때문이다.== 만약 그런 마음이라면 자신의 마음이 원하는 대로 행해야 한다.

상대의 요구사항을 차라리 들어주는 편이 낫다고 생각하면 흔쾌히 들어주고, 요구를 따르고 싶지 않다는 마음이 앞서면 부드럽게 거절해야 한다. 그 거절이 어려워 마지못해 수용하는 것이 바로 착한 아이 콤플렉스 그 자체이다.

⋮ 생존을 위한 선택, **경계를 지켜라** ⋮

"완벽한 선을 추구하지 말고 악해지는 법도 배워야 한다. 모든 면에서 완벽한 선을 추구하는 사람은 악한 사람들 속에서 파멸하기 쉽다. 그러므로 자신을 지키려는 군주는 악해지는 법을 배워야 한다."

〈군주론〉 15장에 나온 말이다. 마키아벨리는 선한 의지를 가져야 한다고 전제하지만 선함을 유지하기 위해 악함을 이해하고 이용할 줄 알아야 한다고 설파한다. 어느 날 갑자기 독기를 품고 내 영역을 지키기 위해 다른 사람을 내치라는 말은 결코 아니다. 경계를 넘나들며 침범하는 사람들에 대한 방어는 이 험한 정글에서 살아남기 위한 생존 방식으로 택해야 한다. 우리는 이 단순한 진리를 실행하지 못해서 불편하다. 착하고 순진함을 이용하려는 나쁜 무리가 있다면 그들에게 쉽게 보이지 않을 권리 또한 있다.

> ➕ **코멘트 톡톡!**
>
> 착하지 않으면 나쁜 것도 아니고 착하다고 역시 나쁜 것이 아니다.
> "그 사람 착하고 사람 좋지. 일도 잘하니 함께 하고 싶은 사람이지."
> "그 사람 일 잘하지. 일 잘하고 성격까지 좋으니 함께 하고 싶지."
> 조금 더 마음이 기우는 쪽을 택하라.

CHAPTER 02

일보다 사람

불가항력의 사내정치,
영리하게 대쳐하라

높으신 분들만 정치하는 것이 **아니다**

〈임원의 조건〉을 쓴 조관일 저자에 따르면, "임원이 되려면 신입사원 때부터 정치를 하라"고 조언한다. 미리 인적 네트워크의 중요성을 인식하고 이를 갖추려고 노력해온 사람은 임원 승진을 하지만 그렇지 못한 사람은 만년 부장에 머무른다고 경고한다.

만약 당신이 임원을 직장생활의 목적지로 둔다면 임원이 되기까지 험난한 과정을 인내해야 한다. 상사의 질책을 감내하고 동료의 시기

질투에 의연해야 하며 후배의 무모함도 견뎌줘야 한다. 대내외적인 난관을 의연하게 헤쳐나가며 회사에 충성한 대가로 얻는 것이 바로 임원이라는 타이틀이다.

이를 위해 반드시 정치에 능해야 한다는 말에 괜히 어깃장을 놓고 싶다. 회사에 존재하는 권력다툼에 괜히 휘말리고 싶지 않고 내 일이나 열심히 해서 인정받고 싶은 마음이 들기 때문이다. 정치야 저 높으신 의사결정권자들이 벌이는 권력투쟁쯤으로 여기고 훗날 필요할 때가 되면 언제든 소용돌이 속에서도 의연하게 살아남을 수 있을 거라 기대한다면 풍랑 속 돛단배처럼 떠돌기 딱 좋다.

당신이 잡아야 하는 **동아줄**

의료기기 제조회사에 다니는 W씨는 회사에서 조직개편을 한 지 6개월 만에 또 팀이 바뀌었다. 그곳에는 진즉에 차장으로 승진했어야 했는데 이제껏 과장 직급을 달고 있는 상사가 자리하고 있었다. 늘 맡은 일을 우직하니 해내는데도 영리하게 정치를 하지 못해 승진 대상자에서 항상 후순위로 밀려난 탓이다. 바뀐 팀에선 눈에 띄는 실적을 내기도 어려우니 오히려 W씨는 자신이 괜히 밉보여 한직으로 밀려난 것 같아 불안하다. 줄을 잘 잡아야 한다는 소리를 익히 들어왔지만 잡을 만한 줄이 보이지 않는 것도 고민이다.

진실이 어떨지 모르나 납득되지 않는 상황에 대고 수많은 생각이 떠오를 만하다. '이러한 상황이 이렇기 때문에 발생한 것이야'라고 속 시원히 설명이라도 듣고 싶은 심정이지만, 한편으로는 추측했던 사실이 진실이면 어쩌나 실로 겁이 나는 것도 솔직한 심정이다. 누구나 그럴 것이 능력 있는 상사가 리더로 있는 팀에 속하고 싶다. 그래야 배울 것도 있고 팀이 승승장구할 가능성이 높기 때문이다. 하지만 모든 리더가 리더답고 우수한 평가를 듣고 있지는 않다. 물론, 그 리더의 진가를 알기 이전에 섣부르게 판단해버리는 것을 조심해야 한다.

==상사로부터 배울 것이 없을까 봐 두려워하기 이전에 상사의 숨은 진가를 발견하기 위해 관찰하고 분석해볼 필요가 있다. 자신이 한직으로 내몰렸다는 한탄을 멈추고 자신이 할 수 있는 일, 기여할 수 있는 바를 찾는 편이 바람직하다.== 더구나 부족한 상사를 보필하고자 하는 자세를 갖는다면 직장인으로서 할 수 있는 최선의 길을 찾은 것이다. W씨의 상급자인 과장도 곧 차장으로 승진할 것이다. 좋은 리더를 성장시키는 데에는 좋은 팔로워가 한몫한다는 것을 간과해서는 안 된다. 타고난 리더도 있겠지만 리더 뒤 우수한 참모가 리더를 키워내기도 한다.

능력부터 키워라, 줄이 줄 선다

사내에 자리하고 있는, 보이지 않는 혹은 대놓고 보이는 권력다툼에 끼기 싫다면 최소한 독보적으로 능력을 인정받는 것이 최선이다. 아직 의사결정권자 대열에 끼지 못한 당신이라면, 의사결정권자들이 '나와 함께 하세'라고 손 내밀어주기를 기대해야 한다.

사내정치가 싫다면 최소한 물 먹지 않게 행동해야 한다. 너무 가까이 다가가는 유착관계를 피하고 적절한 거리두기, 언제든 발 빼기가 가능하게 보다 더 능수능란해져야 한다. 이게 가능하다면 오히려 정치를 역으로 이용할 수도 있다. 상황을 쥐락펴락할 수 있는 지략가, 제갈량의 처세술이라도 배워야 한다.

자신에게 유리한 판을 짜는 것이 최고의 정치다. 사내정치를 게임이라 보면 미묘하고도 역동적인 전략과 전술이 판을 친다. 혹은 그런 전략과 전술이 통하지 않는 통제 불가능한 상황으로 휘몰아쳐갈 수 있다. 그런 때에도 결국 사람이다. 사람만이 남는다. 어려울 때 함께 힘을 합칠 사람이 있으면 되고 상대의 마음을 잘 읽어내는 사람, 겸손하되 능력을 갖춘 사람, 그런 사람이 바로 당신이 되면 된다.

> **코멘트 톡톡!**
> 권력다툼에 휘말리지 않기 위한, 유리한 판을 짜기 위한 처세! 독보적인 능력자이거나 상황을 관장하는 지략가이거나.

상사병은 포용할 때
낫는다

: 맛있는 안주거리, 상사뒷담 :

직장인들은 '무능력한 상사', '독불장군 상사'를 안주 삼아 비판한다. 그 정도 나이 먹고 그 정도 경력 쌓았으면 뛰어난 능력은 필수, 넉넉한 인품은 덤이어야 한다고 생각한다. 리더가 리더답지 못하니 배가 산으로 가고 사공들은 저마다 방향성 없이 헤맨다고 넋두리하기 일쑤다. 하지만 상급자가 어때야만 한다는 것도 역시 고정관념에 불과하다. 물론 경력과 연륜이 받쳐주어 승진도 시켜주고 연봉도 많이 받는 것인데 그만한 깜냥도 갖지 못한 것은 부끄러울 일이지만, 사실 당신의 상사는 생각보다 더 미성숙하고 모자란다. 더구나 그도 사람인지라 실수한다.

상담센터에서 부모를 대상으로 상담을 하다보면 아이 문제가 상담 주제인 부모들이 많다. 아이 문제를 해결하는 가장 좋은 방법은 부모가 아이들에게 좋은 역할 모델이 되는 것이다. 하지만 그들 모두 훌륭한 부모의 자질을 처음부터 타고나지 않았고 이전에 부모연습을 해봤던 것도 아니기 때문에 부족할 수밖에 없다. 그저 당장 맞부딪치는 순간의 문제들을 시행착오를 통해 경험하고 있을 뿐이다.

이를 직장인에 대입해보니 상황은 똑같다. 상사도 처음부터 상사로서 타고나는 것이 아니다. 좋은 자질을 가진 그 위의 상사로부터 무언가를 배웠다면 좋았겠지만 그렇지 않다면 좋은 리더가 되기 위해 역시 시행착오를 경험하며 비로소 리더다움에 다가간다.

당신의 리더는 타고나지 않았다

팀을 꾸리고 업무 위임을 하고 동기부여를 하고 간혹 팀원 사이에 분란이 일어나도 모범적으로 문제해결에 나서야 상사답다고들 한다. 하지만 당신의 상사는 그 과정이 어색하고 어렵다고 느끼고 있을지도 모른다.

상사병을 앓는 직장인들은 미성숙한 상사를 비웃으며 존중할 가치가 없다고 한다. 그가 이룬 업적과 직책을 얻기 위한 몸부림에 대한 치하는 불필요하며 상사를 불신하고 상사의 역량을 부정적으로 평가해 버린다. 아직 부족한 당신에게 보다 나은 직원으로 개선될 여지가 다분하고 긍정적 자원이 있듯, 당신의 못난 상사에게도 긍정적 자원이라는 것이 있다. 그것을 인정하면 상사에 대한 부정적인 정서가 한층 부드러워질 수 있다.

그는 변하지 않는다. 내가 변할 뿐

나와 맞지 않는 사람, 불편한 사람, 내 구미대로 바꿔보고 싶지만 바뀌지 않는 사람에 대해서는 부정적 정서를 많이 갖게 된다. 당신이 상사와 그런 관계를 맺고 있지는 않는가 묻고 싶다.

한편 당신의 상사도 부하직원은 어때야 한다는 고정관념으로 당신을 탐탁지 않게 여길지도 모른다. 그의 마음에 들기 위해 갖은 노력을 해도 안 된다고 포기하지 마라. 사람은 저마다 에너지를 가지고 있고 사람과 사람 사이에는 파장이 존재한다. 부정적인 에너지가 팽팽하게 대치하고 있어 상종도 하기 싫다는 최악의 상황으로 몰고 가기 이전에 파장의 기운을 바꿔볼 수는 없을까?

방법은 단순하다. 당신은 옳고 그가 틀렸다는 생각을 버리는 것이다. 그리고 그가 변하기를 기대하기보다 내가 먼저 그를 바라보는 시각을 바꾸는 것이다. 그의 강점도 찾아보고 이를 인정하고 모든 사람에게서 배울 점이 있음을 진심을 다해 믿자. 그가 변하지 않고 내가 변한다고 생각했는데 그가 변하더라.

> **코멘트 톡톡!**
>
> 상사병으로 너무 괴로워하지 말라. 상사도 사람이기에 미성숙하고, 실수를 하기도 한다. 당신이 모르는 사이에 당신의 상사도 어딘가에서 홀로 외롭게 울고 있을지 모른다.

상사의 보좌관을
자처하라

: 그도 **외롭다** :

직장에서 눈에 띄는 보상은 연봉을 올리는 것과 승진을 하는 것이다. 그러나 정작 승진을 하고 직원들로부터 '팀장'이라 불리면서부터 책임이 커진다. 사원이었을 때 우러러보았던 상사는 힘들다는 내색 없이 일을 척척 해내는 것 같아 부러웠고 더없이 멋있었다. 누군가 실수라도 하면 어디선가 나타나 뚝딱 처리하고 어깨를 토닥이며 '다음엔 잘해' 하며 유유히 자리를 떠났다. 하지만 오래지 않아 상사의 부족함과 불완전함을 알아채고 참을 수 없는 배신감을 느꼈다. 내가 믿고 따라야 할 나의 멘토가 불성실하고 언행불일치의 대명사라는 사실을 알게 되었기 때문이다. 동료와 모여 상사들에 대한 평가를 하기 시작했다. 누구는 어떻고 누구는 어떻더라. 그러한 뒷담을 해서 좋을 게 없다는 걸 깨우치지 못했을 때였다. 서로 답답한 속을 털어놓으니 끈끈한 동지애를 나누는 아군이라도 생긴 것만 같았다. 그렇게 뒷담을 한참 하고 나면 조금 후련해졌다. 나만 그렇게 보는 것은 아니라는 것을 확인했기 때문이다.

우연히 상사와 독대하는 자리를 갖게 되었다. 그리고 그때 처음 알았다. 상사의 자리는 외롭다는 것을. 후에 다른 회사의 더 높은 직급의 간부와 대표들도 독대해보니 더 절실히 알게 되었다. 피라미드 구조의 꼭대기로 올라갈수록 고독하다는 것을 말이다.

상사는 함께 이야기할 동료가 적고 항상 냉정하게 평가받는다. 사소한 실수는 더 크게 확대되어 보인다. 잘못된 의사결정으로 회사에 손실을 가져올까 매순간 불안하다. 누군가에게 묻고 싶어도 질문이 어렵다. 질문을 받고 답을 주는 위치이지 질문하고 결정을 대신해달라고 할 수가 없다. 옆 팀과 실적을 경쟁하고 비교당하며 더 나은 성과를 내기 위해 몸부림쳐야 하고 팀원들을 보호하기 위해 과감히 총대를 메야 한다. 다른 팀의 동년배들과 고충을 나누려 해도 자신이 흔들린다는 속사정을 털어놓기에는 자존심이 상한다. 직급이 올라 연봉이 오르고 누군가를 리드하는 자발적인 속성을 끌어안았지만 외로운 건

어쩔 수 없다고들 한다. 그 자리에 있어보지 않은 직원의 입장에서 그들의 하소연이 공감될 리 없다.

하극상의 결말

부하직원은 상사가 부족한 자신을 관심과 배려로 돌봐주기를 기대한다. 하지만 당신의 상사는 말 잘 듣는 예쁜 직원을 편애할 것이고 객관적인 평가를 가장할 뿐 주관적인 관점에서 바라볼 것이다. 그러나 그러한 불공평한 처사에 대해 상사와 맞장 뜨지 마라. 조직의 구조상 상사가 보기에 부하직원이 위계질서를 위협하는 일은 굉장히 불편한 일이다. 직원으로서 직언을 할 수 있는 것도 상사와 관계가 좋을 때에나 가능한 것이다. 아니, 아무리 관계가 좋다 하더라도 자칫 위험할 수 있다. 상사와 대적하면 주변에 당신의 든든한 아군(그보다 높은 상사)이 있지 않는 한 장렬히 전사하고 말 것이다. 피를 철철 흘리고 나서 후회하느니 숨겨둔 처세술을 발휘할 때가 왔다.

당신은 상사와 한 배를 타고 있다. 상사가 가진 키에 반발하여 다른 쪽으로 방향을 틀면 배 전체가 휘청한다. 그러면 상사는 당신에게 훈계 혹은 격려를 하며 함께 가자고 할 것이다. 끝까지 고집부리면 당신의 상사는 배가 뒤집힐 것을 우려하여 당신 혼자 물에 빠뜨리는 쪽을 택할지도 모른다. 비록 당신이 옳았다 하더라도.

: 악어와 악어새의 관계 :

상사와 부하직원은 상호 보완의 관계여야만 한다. 상사의 부족함을 보살펴주면 상사도 당신의 부족함을 보살펴줄 가능성이 높다.

평사원일 때 상사에게 '질문 있습니다!'라고 묻는 것이 익숙했다. 업무가 어설프고 아직 풋내 나는 때여서 모르는 게 부끄럽지 않았다. 모르는 것을 묻고 의욕적으로 배우려고 하는 자세의 부하직원을 상사들은 대부분 좋아한다. 후학 양성에 일조하는 느낌이 들어 꽤 의미 있는 작업이라 여기는 경향이 있기 때문이다.

연차가 쌓이고 대리 직급의 실무를 담당할 때에는 상사의 이야기를 들어주는 역할을 자처하면 좋다. '저는 하나도 모르겠으니 알려주세요'라고 말할 단계는 이미 지났다. 이제 중요한 의사결정을 해야 하는 상사의 고민을 들어주고 결정에 도움을 될 만한 아이디어를 보태주거나 선택을 유보하는 상사에게 힘을 실어주는 역할을 해야 할 때이다.

상사의 부족한 부분을 험담하지 말고 이를 채워줘라. 상사의 보좌관이 되기를 자처하라. 보좌관은 상관을 도와 일을 처리하는 조력자를 의미한다. 상사는 일선에 서서 진두지휘하는 역할을 하고 그의 휘하에서 수족이 될 사람을 선호한다. 당신이 수족이 되기를 거부하고 상사의 리더십을 의심하고 비난하는 데 시간을 쓴다면 상사는 당신을 경계하고 무시하고 깎아내리는 데 시간을 쓸 것이다.

상사도 사람이다. 그가 장점만 가지고 있는 만능이라면 좋겠지만 그도 사람인지라 실수하고 허점투성이에 부실하기 짝이 없다. 그럼에도 불구하고 당신보다 일찍 경력을 시작했고 맞닥뜨린 문제가 많고 그 문제들을 해결해나갔기 때문에 상사의 자리에 앉아 있는 것이다. 상사는 쓸데없이 꼬장꼬장한 성격에 잔소리나 늘어놓는 무능력한 인물로 보일지 모르지만 분명 그렇지 않을 수도 있다.

> **코멘트 톡톡!**
> 상사의 장점을 인정하고 부족한 점은 보완해줄 때, 당신은 상사보다 더 큰 그릇이 될 수 있다.

공적인 거리,
1m

: 그들이 있기에 **버틴다** :

사람들은 직장생활이 즐겁고 일이 재미있기를 기대한다. 이러한 환상을 채워주는 꿈의 직장을 선망한다. 그러나 직장생활이 그리 만만하지 않다는 것을 알았다면 이상과 현실 사이에서 환상은 깨지게 되어 있다.

그럼에도 불구하고 단 하나 포기하고 싶지 않은 것이 있다. 바로 좋은 사람과 함께 일하는 것이다. 직장인들에게 퇴사하고 싶은 이유를 물으면 '불편한 인간관계 때문'이 1순위를 차지한다. 많은 직장인이 상사와의 갈등 때문에 퇴사를 생각하다가도 동료와의 관계가 원만하다면 그나마 직장생활 버틸 만하다고 한다.

　마음의 고민과 갈등으로 심난할 때 내 이야기를 들어줄 사람이 한 명이라도 있으면 상담을 받지 않아도 된다는 정설이 있다. 온전히 내 이야기를 공감해주고 들어주는 대상이 있다면 말이다. 직장생활 하면서 고충이 느껴질 때 술 한잔 나눌 끈끈한 동료애라도 있다면 출근이 괴롭고 불편해도 견딜 수 있다. 작은 숨구멍이 되어주니 말이다.

내 마음 같지 않은 **사람, 사람, 사람**

하지만 이기적인 것이 사람인지라 있는 그대로 절친한 관계를 온전히 유지하기란 어렵다. 분명 같은 고충을 나누며 공감대를 형성하는 그룹이라 여겼다가도 적자생존의 법칙 앞에 무릎 꿇게 된다. 똑같이 불평불만을 나누는 거라 생각했는데 상대는 내 이야기를 들어만 주고 찔끔 위로할 뿐, 같은 수위로 털어놓지 않을 수도 있다. 상대를 믿고 고민을 털어놓았더니 어느 날 자신의 이야기가 사내에 다 퍼져 있기라도 하면 제대로 뒤통수 맞는 일이다. 직장 내에 말은 새가 전하고 쥐가 전달했을 뿐 그는 절대 아니라고 믿어볼 심산인가? '이거 비밀인데'라고 말하는 순간 비밀이 아니다. 그래놓고 소문을 퍼뜨린 동료를 적으로 만들어 등 돌린다 해도 이미 늦었다. 입을 열어 털어놓은 당신이 책임져야 한다.

인간의 본능적 욕구 중에 관계에 대한 욕구는 인간이 사회적 동물이기에 매우 중요하다. 관계 속에서 좋아하는 사람과는 가까이 지내고 싶고 싫은 사람은 멀리하고 싶은 것이 본능이다. 관계가 원만할 때는 안정감을 느끼게 되는데 직장에서 관계가 어려운 이들은 관계에 대한 편식이 심하기 때문이다. 좋아하는 사람은 너무 좋고 싫어하는 사람에 대해서는 너무 싫어한다. 그래서 사람 사이 적정 거리가 필요하다.

﹕ 참 좋은 내 사람 만들기 ﹕

오랜 시간과 공을 들여야 절대적 신뢰관계의 친분이 이뤄진다. 그러기 이전에는 적당한 거리, 딱 그만큼의 관계가 낫다. 그를 동지로 곁에 두는 한 팔 만큼의 거리 말이다. 직장은 공과 사를 철저히 구분해야 하는 조직이므로 직장 내 관계에 있어서도 공사구분이 요구된다.

동료와의 따뜻한 관계를 유지하려면 종종 티타임을 갖거나 밥을 먹으며 소소한 이야기를 나누고 사회적 이슈에 대해서 토론하고 미래 비전을 공유하는 걸로 족하다. 서로의 관심사를 파악하고 종종 안부를 나누고 상대가 힘들어할 때 어깨를 다독여줘야 한다. 진지한 이야기를 나눌 때에는 섣부른 조언은 삼가야 한다.

한편 동료 사이에 누군가 먼저 승진을 하거나 좋은 평가를 받으면 같은 위치에 있던 사이가 급격하게 벌어지는 느낌을 받을 수 있다. 당신의 시기심이 자극되었기 때문이다. 그의 좋은 일에 진심으로 축하해줄 수 있을까?

　반면 당신이 먼저 승진할 경우, 상대의 진심어린 축하를 기대하지는 마라. 우리는 관계 속에서 기대하고 실망하기를 반복하게 마련인데 내 마음과 같지 않은 타인을 내 뜻대로 움직일 생각은 접어두어야 동료 사이 산뜻한 거리가 유지된다.

> **코멘트 톡톡!**
> 좋은 관계는 입장 바꿔서 생각해보는 역지사지의 태도를 갖는 데서 출발한다. 내가 먼저 진심이면 상대도 언젠가 알아줄 것이다. 만약 몰라준다고 해도 상처받지 마라. 그와 나는 다른 존재다.

적이 없는 사람이
오래 간다

: 적과의 동침 :

입사동기들끼리는 은근한 친밀감이 있다. 어려운 입사전형의 관문을 함께 통과했고 같은 직급과 비슷한 연봉 수준으로 시작하여 조직적인 사람이 되기 위한 교육도 받으면서 고충도 함께 나눴기 때문이다.

　입사 동기이거나 비슷한 직급 수준의 동료들은 딱 고만고만하다. 누가 더 나을 것도 없이 자신의 개성에 맞게 일을 해나간다. 1년을 보냈다. 한 해 동안의 업적이 눈에 보인다. 아무리 큰 조직이라 하더라도 작은 그룹으로 팀을 쪼개놓고 보면 각 팀에서의 업무 성과와 팀 내 개인들의 업무 성과가 모두 보인다. 참 신기하게도 다 보인다. 누가 잘했고 누가 못했나. 1년을 보내면서 평소의 수행이 축적되어 더 그렇다. 일하는 태도에서 적극성은 한 개인의 성과를 더 빛나 보이게 한다. 그렇다 보니 같은 직급의 직원들을 두고도 암암리에 평가가 되고 있다. 마치 우리가 팀장들, 부서장들, 상사들을 두고 평가하듯, 연차가 쌓일수록 그 비교는 더 도드라진다. '누구는 시키는 일에 재깍 반응하더라. 뚝딱 해오더라. 씩씩하더라. 열심히더라', '누구는 굼뜨더라. 한마디 하면 못 알아듣더라. 너무 소극적이야. 뺀질거려'라는 식으로 말이다.

입사 후, 3년차쯤 되면 더욱 그렇다. 그간 사람들에게 각인된 인상으로 '일 잘하는 친구', '일 못하는 친구'로 나뉜다. 회사는 요즘의 동료 관계를 프레너미(Frienemy)라고 일컬으며 경쟁을 부추긴다. 회사가 철저한 이익집단임을 반증하는 신조어다. '우리는 좋은 동료 사이'라는 미명 아래 겉으로는 웃고 수다를 떨고 시간을 공유하지만, 속으로는 경쟁자로 여겨 은근히 신경이 쓰이고 눈치를 보는 관계를 유지하는 것이다.

자신의 성장에 집중하라

성공한 사람에게는 모두 경쟁자가 있고 경쟁자가 신선한 자극제가 되어 성취를 부추긴다고 한다. 하지만 주변을 유난히 의식하면 오히려 자신의 역량을 온전히 발휘하기가 어렵다.

피겨 여왕 김연아가 동계올림픽 금메달리스트가 되겠다는 비전을 그리고 이를 이룰 수 있었던 데에는 아사다 마오라는 동갑내기 경쟁자가 있었기 때문만은 아니다. 초기에 경쟁하며 역량을 키우는 신선한 자극제가 되기는 했지만 눈부신 업적을 이루는 데에는 다른 누구와 경쟁을 했기 때문이 아니었다. 언제부터인가 김연아 선수는 자신과의 싸움을 시작했고 누구도 넘볼 수 없는 성과를 기록하고 또 그 기록을 뛰어넘기 위해 부단히 노력했다. 그 덕분이다.

심리학 이론 중 성취목표이론에는 숙달목표와 수행목표라는 것이 있다. 숙달목표는 현재 수행 수준이 과거 수준에 비하여 향상되고 능력이 개발되었는지 평가하는 것이고 수행목표는 타인의 수행과 비교하여 개인의 역량을 평가하는 것이다. 이미 예상했겠지만 숙달목표를 두고 과제에 접근하면 보다 더 큰 성과를 얻을 수 있다.

성과를 두드러지게 내는 사람은 자신과의 싸움을 더 중요하게 여기고 자신의 일에 집중한다. 일정 수준 이상의 성과를 내지 못하는 사람은 타인과의 비교에 집중하여 한계를 지우고 경쟁상대보다 잘하면 안도하고 못하면 좌절하는 패턴을 반복한다.

당신은 숙달목표를 두고 일하고 있나? 수행목표를 두고 일하고 있나? 눈부신 성과를 내는 사람은 주변의 동료를 적으로 돌리고 그를 이기기 위해 싸우지 않는다. 그저 자신의 길을 오롯이 갈 뿐이다. 당신 또한 충분히 그 이상을 해낼 수 있다.

진정한 능력자로 인정받고 싶다면 자신의 성장에 더 집중하라. 적을 만들지 않고 자신에게 집중한다면 더 큰 성과를 이룰 수 있다.

> **코멘트 톡톡!**
> 자기 자신에게 집중하라. 당신을 적으로 생각하는 상대가 들이대는 칼을 적절히 방어하고, 모든 사람과 친구가 될 수는 없음을 인정하라.

존경받는
선배의 조건

: 금상첨화일 줄 알았더니 **설상가상** :

'회사에 드디어 밑으로 막내 신입사원이 들어왔다. 드디어 나도 선배가 되는구나! 이 얼마나 기다리고 기다리던 순간인가! 그런데 이 후배 녀석, 만만치 않다. 으아아악! 생각만 해도 머리가 터져버릴 것 같은 골치 덩어리. 똑똑한 줄 알았는데 일을 시키면 제대로 하는 게 없다. 그냥 내가 하고 말지. 후배가 망친 일까지 떠맡으니 한숨이 터진다. 너무 한다! 너무 해!'

당신 밑에 들어온 후배 하나 잘 키워서 얼른 일을 나눠줄 수 있다면 얼마나 좋으랴. 자질구레한 잡무를 후배가 좀 처리해주면 그간의 고루한 작업에서 벗어나 일다운 일을 해낼 거라 생각했다. 막내시절 다 거쳐서 '나는 선배가 되면 정말 모범을 보이는 존경받는 선배가 되리라' 하며 다부지게 마음먹었건만 예상 밖의 어디로 튈지 모를 인물이 등장했다. 문서 작성하는 거 하나를 맡겨도 뭔가 마음에 들지 않는다. 스펙 좋고 똘똘하다고 들었는데 제대로 하는 일이 하나도 없다. 혹 떼려다 혹 붙인 격이라 후배를 들인 것이 꼭 기쁜 것만은 아니다. 위에서는 이제 선배가 되었으니 아랫사람 잘 가르치라고 하는데 어디서부터 어디까지 가르쳐야 할지 막막하다.

훌륭한 길잡이가 되는 법

후배가 당신의 동반자 역할을 수행하게 하려면 몇 가지 룰이 필요하다.

첫째, 기다려주어야 한다.

무언가를 배우기 위해서는 시행착오가 필요하고 결국 스스로 해내야만 성취하게 되고 자신감을 얻어 보다 어려운 수행도 해내게 된다. 그 과정을 기다려주고 혼자 할 수 있도록 해야 자기 주도적이 되고 시키지 않아도 알아서 할 수 있다. 아이를 가르치기 위해서 부모가 충분히 기다려주고 성공했을 때 칭찬을 해주면 그 다음은 알아서 하고자 하는 의욕을 보인다. 만약 기다리지 못하고 대신 해주는 과정을 반복하면 아이는 스스로 성취하는 방법을 터득하지 못하고 수동적인 사람이 된다.

후배 한 명 가르치는 데 부모의 마음이어야 하다니 기가 찰 노릇이지만 이는 가르침을 위한 최적의 방법이다. 당신도 신입시절에는 충분한 시간을 주지 않고 '다했어? 가져와 봐!' 하는 선배의 재촉에 조바심을 느꼈을 것이다. 작은 성취부터 이룰 수 있도록 작은 일을 나눠주고 칭찬을 습관화해라.

둘째, 언행일치를 실천해야 한다.

조직생활에 대해 아직 아는 바가 없는 후배를 앉혀 놓고 '직장생활은 말이지. 이런 거야. 절대 지각하면 안 되고 선배들에게 인사 잘해야 하고~' 이런 이야기들을 늘어놓고는 본인이 지각하고 상사를 봐도 인사를 안 한다면? 상사에게 공개적으로 꾸지람을 듣고 머쓱해져 자리로 돌아오는 모습을 종종 보인다면? 누가 그런 선배의 말을 신뢰하겠는가? 그래도 사람 좋다는 이유로 우호적인 관계는 유지하겠지만 진심어린 존경을 받기는 글렀다. 당신의 후배에게 어떤 모습을 보일 것인가? 배운 게 도둑질이라 나쁜 습관이 몸에 익었다면 자신부터 습관 바꾸는 데 시간을 써야 한다. '직장생활은 이래야만 해'라고 말하려 한다면 당신이 직접 실행해야 한다.

셋째, 응원군이 되어야 한다.

그들은 진짜 모른다. 학교를 갓 졸업하고 입사해서 일의 기본, 직장

매너 따위 몸에 익지 않은 상태이다. 실수에 대해서는 두 번 반복하지 않도록 따끔한 지적이 필요하다. 하지만 지적하고 교정하는 과정에서 사람이 싫고 상처를 주고자 하는 것은 아니라는 사실을 구분해주어야 한다. 좌절하고 깨지면서 신입시절을 보내는데 후배의 어깨를 두드려 주며 천사의 날개로 한번쯤 감싸주면 누가 감동하지 않으랴.

넷째, 기회를 주어야 한다.

당신의 후배는 햇병아리지만 아직 펼쳐 보이지 못한 가능성을 가지고 있다. 신입사원은 그렇게 파릇파릇하다. 싹수는 진즉에 보여 제대로 키울 만할지 아닐지를 판가름하기 마련이지만 누구나 가지고 있는 가능성에 주목하고 빛 볼 기회를 열어주는 역할을 해야 한다. 자질구레한 잡무나 던져주고 체크하기를 반복하여 의욕을 깎아먹지 말고 동기를 얻을 수 있도록 흥미로운 과제를 부여해야 한다. 미숙한 이가 한 단계 업그레이드할 수 있도록 기회를 주면 성장을 촉진시킬 수 있다.

: 그의 **싹을 틔우라** :

누구나 처음은 어설프다. 신입사원은 어떤 사수를 만나느냐에 따라 '기본을 잘 배웠다' 혹은 '기본이 없다'고 평가된다. 그렇기에 당신도 따뜻한 선배, 일 잘하고 능력 있는 선배, 멋진 선배라고 존경받을 수 있다. 당신의 후배가 '선배님, 우리 선배님'이라며 언제고 찾을 수 있다면 당신 참 직장생활 반듯하게 잘했다고 칭찬받을 만하겠다. 후배를 좋은 일꾼으로 키워내기 위해 기다리고 행동으로 실천하고 기회를 주어 본격적인 일을 할 수 있게 만들어라. 당신이 편해지는 길이다.

> **코멘트 톡톡!**
> 당신의 올챙이 적 시절을 떠올려 기꺼이 후배의 길잡이가 되라.
> 후배에게 배움의 기회를 많이 준다면 당신의 동반자 역할을 톡톡히 해낼 것이다.

갑에게 대처하는
을의 자세

: **우리 사회의 고질적 갑질** :

최근 갑의 횡포에 대한 '갑질 논란'이 사회적 이슈로 떠올랐다. 한 조사에 따르면 직장인 10명 중 9명이 갑질을 당한 경험이 있다고 한다. 직장인이 만나는 갑이란 상급자 혹은 고객이 대표적이다. 갑님들은 자신들이 원하는 대로 상대가 움직여주기를 강요하며 그에 응하지 않으면 불같이 화를 내고 자신의 주장을 관철시키기 위해 온갖 꼼수를 부린다. 갑님들은 당신이 처리한 업무를 꼬투리 잡거나 사소한 실수를 지적하고 기분에 따라 폭언하거나 빈정거린다. 갑님들은 자신이 협상을 잘하거나 업무 위임을 잘하기 때문에 일이 잘 돌아간다고 생각한다. 그들을 상대하는 을의 정신적 스트레스는 상상 이상이다. 감정노동은 감정표현을 직무의 한 부분으로 여기고, 감정을 억누르고 통제하는 일을 의미한다. 서비스 직군에서 일하는 이들이 특히 더 많이 경험하겠지만 ==직장생활을 하면서 감정을 통제해야 하는 상황을 종종 만나니 우리 모두가 감정노동자로 일반화시켜도 좋을 듯하다.==

⋮ 갑질 스트레스로부터 **벗어나는 법** ⋮

갑질로 인한 스트레스를 줄일 수 있는 방법은 우선 일과 사람을 분리하는 것이다. 그들이 인간적으로 당신이 싫어서 지적하는 것은 아니라고 가정해야 한다. 영혼까지 들었다 놨다 하고 너덜너덜하게 만들 심산으로 독설을 뱉는 상대에게 휘둘리거나 상처받지 않도록 상황으로부터 나를 철저히 분리해야 한다.

  갑질을 하는 이들은 상대의 반응에 따라 더 큰 감정을 분출하며 상대를 짓눌러야 승리했다고 여기는 경향이 있다. 그로 인해 눌렸다, 깔렸다, 억울하다는 생각이 뇌에 입력되는 순간, 우리는 아니라고 해명하고 싶어진다. 진실을 바로 잡고 갑님이 틀렸다고 증명해 보이고 싶다. 하지만 이럴 때 바른 소리는 뒤로 밀어두어야 한다. 마른 장작에 불이 붙으면 무섭게 타오르다가 더 이상 태울 것이 없을 때 불길은 잠잠해진다. 거기에 기름을 부을 필요는 없다. 수긍하는 듯한 자세로 묵묵히 경청한다.

"네, 당신이 맞습니다. 당신 입장에서 그럴 수 있지요. 그런 요구사항 일단 귀담아 들어줄게요."

우선 불길이 더 거세지지 않도록 상황이 종료되기를 기다려야 한다. 구구절절한 변명 대신 '이 부분에서 잘못이 있었습니다'라고 인정할 부분을 구체적으로 언급한다. 숨고르기 시간을 둔다면, 악랄한 갑이 당신에게 상처를 주고자 의도했을지언정 그는 승리감에 도취되었을 뿐 당신에게 그다지 영향을 미치지 못한다.

'저 사람은 변하지 않아. 원래부터 그랬을 거야. 저 사람과 나는 맞지 않을 뿐이야.'

당신이 졌다는 패배감에 휩싸이게 두지 마라. 물론 감정을 추스르는 것이 쉬운 일은 아니다. 그럴 때에는 패배주의를 툴툴 털어내기 위한 행동을 해야 한다. 노래방에서 괴성을 지르거나 한잔 술로 달래거나 타인에게 위로받는 방법이 일반적이다. 가슴 속에 응어리로 쌓아두지 않는 행동을 통해 감정노동자로 남지 않는 방법을 택하라. 내 경우에는 운전하다 음악소리를 크게 키우고 소리를 지르는 것으로 풀어 낸다.

'고작 그릇이 작은 저 사람 때문에 내가 불행하게 두지 않을 거야.'

때로는 고객이 터무니없는 요구를 하여 혼란스럽게 할 때가 있다. 내부의 적이 아닌, 외부의 강력한 적이 밑도 끝도 없는 억지를 부리는 것이다. 자신들이 협상의 대가라고 착각하는 갑들의 요구에 속절없이 영혼까지 털리는 느낌을 받는다고 한다. 누구라도 그러한 갑질을 쉽게 상대하기란 어렵다. 협상과 설득의 스킬을 모두 사용해도 앞 뒤 없이 억지를 쓰는데 누가 당해내겠는가. 간혹 당신 대신 책임자를 불러달라는 갑님들에게는 정중하게 양해를 구하고 당신보다 직급 높은 이에게 긴급 도움 요청을 해야 한다. 이러한 상황을 많이 경험해봤을 이에게 도움을 구하는 것이 당신이 할 수 있는 최선이다. 물론 상황 종료 후 상급자에게 기꺼이 '도움 주셔서 정말 감사합니다' 혹은 '제가 직접 처리해야 하는데 불편하게 해드려서 죄송합니다'라는 인사를 전하는 것 또한 빼먹지 말아야 한다.

코멘트 톡톡!

갑질을 하는 그들은 다른 세상 사람이다. 그들을 상식선에서 해석하지 말고 당신의 생각과 감정을 분리하라.

CHAPTER 03

연봉에 대한 고찰

연봉, 회사 그리고 나

열심히 일해도 오르지 않는 **연봉에 대한 고찰**

열심히 일했다. 하지만 회사 내 수익구조는 변하지 않았다. 내 연봉은 물가상승률보다 아주 조금 올랐다. 허리띠를 졸라매야 겨우 살 수 있겠다. 다른 회사는 어떨까? 일한 만큼 좋은 대우를 해주는 회사 없나? 자꾸 채용공고를 뒤져보게 된다. 물론 채용공고를 뒤져본다고 해서 뾰족한 수가 나오는 것도 아니다.

성과가 나지 않았어도 연봉을 올려주고 직원들로 하여금 기대하는 성과를 낼 수 있도록 독려해주는 회사도 있다. 직원들을 실망시키지 않기 위해서다. 대신 회사가 허리띠를 졸라맨다. 사람이 답이라고 생각하는 직장의 이상적인 그림이다. 그런데도 사람이 떠난다. 좋은 대우를 해준다고 사람이 남는 것은 아닌 모양이다.

: 연봉이 능력을 말해주는 건 아니다 :

직장인들은 흔히 자신이 몸담고 있는 회사의 기업 가치를 하향 평가하는 경향이 있다. 현재보다 더 나은 처우를 받기 위해서는 지금보다 더 몸집이 크고 대우도 좋은 기업으로 이직을 하는 것이 경력관리의 표준이라고 여기기 때문이다. 현재보다 발전적인 미래를 상상하기 때문에 이직할 곳은 지금보다 당연히 나은 조건의 대우를 해줄 것이라 생각한다. 하지만 연봉이 모든 것을 대변한다고 생각하면 오산이다. 경력관리를 위해서는 더 많은 것을 고려 대상에 두어야 하기 때문이다. 능력이 좋아서 그 능력을 인정받아서 누군가의 연봉이 높을 수 있겠지만 그로 인하여 당신의 가치가 하향평가 될 이유는 없다. 당신이 어떤 업종의 어떤 회사에 속하느냐에 따라 다년간 열정 페이에 눈물을 머금고 버텨야 할 수도 있고, 별 볼일 없던 벤처회사였는데 몇 년 사이에 코스닥 상장을 하여 주식부자에 성과급 폭탄을 맞을 수도 있다. 전자라면 언젠가 늦게나마 분야의 전문가로 돈이 뒤따라오기를 내심 기대해본다. 후자라면 '완전' 부럽다. 어쨌든 희망은 버리지 말자.

    주변의 누군가가 자신과 비슷한 부류라고 여겼는데 연봉을 많이 받고 좋은 기업에서 승승장구한다는 얘기를 듣고 좌절할 필요는 없다. 당신이 아직 열심히 한 계단씩 올라야 하는 과정 중이라면 당신은 지금 당장보다 시간이 더 흐른 후에 인정받을 수 있다. 그저 멈추지 말고 주변을 의식하지 말고 오롯이 자기 길을 무소의 뿔처럼 가야만 한다. 성공한 그들이 그랬던 것처럼.

🧰 코멘트 톡톡!

주변인들의 승승장구에 부러워하지 말라. 당신의 능력과 열정은 언젠가는 반드시 인정받을 것이다.

제발
밥값 좀 해

: 체계 없는 조직에서 **억울한 사람** :

만약 일한 만큼 보상이 주어지지 않는다면 누가 열심히 일하겠는가. 1년간 열심히 일해서 회사에 벌어다준 수입이 얼마인데 그저 회사의 매출이 낮아졌다는 이유만으로 연봉동결이 되면 억울할 수밖에 없다.

성과를 많이 내면 임금을 더 받을 수 있다는 동기부여도 명쾌한 해결책은 아니다. 평가시스템은 완벽하지 않고 공정을 가장한 불공정함 때문에 직원들은 이를 불신한다.

회사 입장에서 보면 직원들이 놀고 있는 것은 아닌지, 공공비품을 낭비하는 건 않는지, 시간을 허비하고 있는 것은 아닌지 불안하다. 전월대비, 전년대비 매출이라도 떨어졌다면 더더욱 불안하다. 그 불안을 다독이며 대인배인 척 하는 것은 상상 이상으로 어렵다. 불안을 들키지 않으려고 영업팀을 재촉하여 매출을 가져오라 하고, 기획팀을 독촉하여 새로운 걸 만들어내라고 하고, 생산팀을 독촉하여 더 많은 제품을 생산하라 하고, 경영지원팀을 재촉하여 과다지출을 막으라 한다.

평소 열심히 일하는 것 같지 않은 직원이 월급을 올려 달라 하면 매달 월급만 가져가는 파렴치한처럼 여겨진다고 한다. 그래서 고용주들은 재고관리, 시간관리, 재무관리 등 시스템 구축을 하는 편이 더 낫나 싶어 계산기를 두드려본다. 하지만 시스템을 도입하거나 바꾸려면 예상외의 비용이 발생한다는 사실을 알고 다시 주저하게 된다.

몸값 올리기 이전에 **밥값 하라**

회사 입장에서는 연봉제를 도입하여 연간 급여총액을 1/12로 나누어 임금을 지급하는 형태의 연봉계약서 한 장으로 직원을 부릴 수 있다. 고액연봉자를 데려다가 대단한 성과를 기대하느니 적은 연봉으로 적당한 수준의 직원을 뽑아 부리면 된다고 생각하는 사장님들이 당신을 노리고 있을지도 모른다. 쓰다가 버려지는 소모품이 되고 싶지 않다면 당당히 밥값 하고 있다고 주장할 줄 알아야 한다. 가치를 부여하고 가치를 창출해야 밥값 하는 것이다. 지금은 밥값 할 때이다. '회사의 비전 없음, 시스템 없음, 사람 없음'은 사장도 고민한다. 그의 고민을 덜어주기 위해 먼저 밥값 하라.

직장인은 흔히 몸값을 올리기 위해 일한다. 하지만 직장에서 일해 보니 밥값이 아깝지 않은 직원이 우수한 인재더라. 회사를 위해 무엇을 기여했는가? 그것이 바로 밥값이다. 어느 정도 이상의 반열에 오른다면 몸값은 자연스럽게 올라간다.

코멘트 톡톡!

회사에서 밥값을 해야 당신의 몸값도 자연스레 올라간다. 새로운 가치를 창출하여 회사의 발전에 기여하라.

돈이라는 보상으로
해결되지 않는 것

: 연봉상승만으로는 부족하다 :

사람에게 '동기'라고 하는 것은 '무엇을 하고 싶다'라는 욕구를 뜻하나 동기만 있다고 해서 곧바로 행동하지는 않는다. 사람은 그 동기를 충족시켜주는 목표물이 있어야 행동으로 옮긴다. 연봉은 동기를 부여할 수는 있지만, 연봉상승만을 목표로 일한다면 자신이 그토록 바라는 전문가로서 성장하는 더 큰 목적을 이루기는 어려울지도 모른다.

이직을 해볼까 생각하는 당신은 그저 돈 때문만은 아니라고 이야기할 것이다. 인간의 기본심리 중에는 인정받고 칭찬받고 싶다는 욕구도 내재되어 있기 때문이다. 어떤 이는 연봉 올려달라고 하지 않을 테니 차라리 자신이 한 일에 대해서 최소한 인정해주는 분위기라도 있었으면 좋겠다고 토로한다.

시스템을 갖추었다 해서 직원이 만족할 거라 생각하는 것 또한 어불성설이다. 개인의 능력에 대한 적절한 보상에는 내적 가치를 자극해주는 것 또한 필요하기 때문이다. 앞서 말했듯이 직원의 동기를 만들어주고 직원이 스스로 알아서 움직이게 하는 데에는 다양한 방법들이 있다. 반드시 돈이라는 보상으로는 해결되지 않는다. 열심히 하겠다는 의욕을 다지려면 보다 강한 리더십을 가진 리더가 필요하기도 하다. 잘한다는 칭찬은 생떼부리는 세 살 아이의 울음도 그치게 할 수 있는 강력한 효력을 가지고 있다. 상사의 격려와 일에 대한 재미와 팀워크만 자극하더라도 직원들은 열심히 일할 수 있다. 그러나 당신이 속한 회사, 사장님 휘하 상급자들은 변하지 않을 것 같다는 생각이 들면, 회사에 대한 애정은 상실되고 만다.

⋮ 성취동기 **자극제** ⋮

"더 나은 일을 하고 싶어요. 상사가 일을 끌어안고 있지 말고 적절히 나눠주었으면 좋겠어요. 저는 팀 내 일이 어떻게 돌아가는지도

모르겠어요. 이러다 배운 것 없이 연차만 쌓이고 혼자서 프로젝트를 담당하지 못하게 되면 어쩌죠?"

항상 업무를 해내는 데 보조의 역할, 주변의 역할만 하고 있다고 느끼는 개인은 자신의 가치가 저평가되고 있다는 데 실망하고 불안해한다. 한편으로는 자신이 왜 아직 그런 역할을 얻지 못하고 있는지를 겸허히 고민해볼 필요가 있다. 상급자에게 요청해도 좋다. 작은 일부터 차근차근 배우고 싶다는 의지를 내비침으로써 혼자 하는 일이 아닌, 팀이 하는 일을 통해 자신의 영역을 다져가야 한다. 그저 상대가 당신을 괄시해서 일을 주지 않는 것이 아니다. 자기 스스로 아직 더 많은 영역을 배워나가야 하는 것은 아닌지를 생각해보아야 한다.

직장인의 성취동기를 자극하는 것은 외적보상보다 내적보상이 더 크게 작용한다. 내적보상이 충족되고 외적보상이 더해지면 직장생활은 더없이 만족스러워진다. 그 보상은 구걸하는 것이 아니다. 영리하게 요구하는 것이다. 작은 일도 말끔하게 처리하여 일을 위임하는 상사에게 신뢰를 얻고 팀 내 돌아가는 업무 프로세스를 익히자. 이를 통해 일을 할 준비가 되어 있음을 보일 기회를 얻을 수 있다.

> ➕ **코멘트 톡톡!**
> 성취동기, 직장인에게 가장 필요한 힘이다. 자기 스스로 성취동기를 자극하라.

연봉 외에도
알아둬야 할 것들

ː 보다 더 가치 있는 것 ː

신입사원으로 지원하는 구직자들에게 취업컨설팅을 할 때면 절대 다수가 대기업, 공기업, 외국계 기업을 선호한다. 나서서 중소기업을 가고 싶다고 하는 이들은 거의 없다. '일만 맞으면 중소기업도 상관없어요'라고 대답하는 정도일 뿐이다. 꿈은 크게 가지랬다고 누구나 선망하는 기업에 입사하고 싶다고 생각할 수 있지만 결과적으로는 절대다수가 중소기업에 취업해야 하는 현실을 맞닥뜨린다.

직업을 선택할 때는 적성과 흥미가 우선되지만 경력관리를 위해 커리어 패스를 고민할 때는 직업적 가치관에 더 큰 비중을 두어야 한다. 잘 다니던 대기업을 박차고 나와 자기 인생을 찾았다는 사람이 있다. 그는 안정된 직장과 보수를 포기했다. 그리고 자유와 만족을 얻었다. 굳이 뱀의 머리가 되었다는 정의내림도 필요하지 않다. 그저 인생의 주체가 되었을 뿐이다.

별 따기 만큼 어려운 만족 100퍼센트

당신에게 다음의 세 가지 근무조건의 일자리에 대한 선택권이 주어졌다고 가정해보자.

첫 번째 조건은 연봉 2,600만 원의 중소기업 총무직이다. 야근 없고 업무에 대한 부담이 적다. 3년만 지나면 관리직으로 승진할 수 있다. 두 번째 조건은 연봉 3,500만 원의 중견기업 회계사무직이다. 연봉 인상폭이 넓다. 업무의 전문성이 있고 체계적으로 배울 수 있다. 하지만 근속연수가 짧은 편이며 직무특성상 야근이 많고 스트레스를 심하게 받을 수 있다. 세 번째 조건은 연봉 4,000만 원의 대기업의 경영지원 부서이다. 업무영역에 한계가 있다. 이렇다 할 실적을 내기가 어렵고 근속기간이 길지만 연봉상승과 승진을 기대하기 어렵다.

위의 조건을 가진 일자리에 100퍼센트 만족을 주는 조건은 아마 찾기 어려울 것이다. 합리적인 의사결정을 위해서는 각 조건들의 장단점을 찾아보고 가치 우선순위를 매겨서 개인의 만족 수준을 가장 높여줄 일자리를 택하도록 해야 한다. 커리어 컨설턴트로서 조언을 하자면 다음 수, 즉 경력관리 차원에서 이직을 하는 데 유리하거나 직무 전문성을 확보하는 데 유리한 조건을 추천한다.

최근 경력 2년 만에 중견업체로 이직에 성공한 A주임은 연봉을 최우선으로 따져 입사를 결정했다. 그런데 연봉계약서를 작성하려고 보니 이상했다. 당초에 협의한 연봉 숫자는 적혀 있는데 지급방식이 이전 직장과 전혀 달랐다. 한 달 급여를 1년 연봉의 1/15로 나누어 지급하고 분기별 보너스로 나머지 분을 지급한다는 형식이었다. 복지라고 할 만한 것들이라도 활용해야겠다고 생각했지만, 꼼꼼히 살펴보니 눈치보일만한 것들이라 입사를 취소하고 싶을 지경이었다고 한다.

실제로 입사하지 않으면 모르는 것이 바로 복리후생이다. 취업규칙에 포함된 연장·야근·휴일 근로수당은 없는지, 연차휴가 수당은 없는지 살펴야 한다. IT업체에서 재직하던 S씨는 프로젝트 계약 형태로 입사하였으나 업무능력이 인정되면 정규직 전환을 시켜준다는 약속을 받았다. 담당한 프로젝트가 끝나고 정규직 제안을 받았다. 함께 입사했던 동료들은 더 나은 조건을 좇아 퇴사를 결정하기도 했다. 하지만 그는 정규직 제안을 받아들였다. 이전 회사에서 비정규직의 비애가 무엇인지를 알고 있었기에 그는 다른 조건보다도 정규직이라는 조건이 중요했다. 업무 특성상 어떤 프로젝트를 담당했는가도 중요했지만 대외적으로 회사에 기여하며 안정적으로 일한 경력도 도움이 될 거라는 판단 때문이었다. 따라서 처음에는 정규직 전환이라는 목표를 이루었다. 물론 정규직 전환이 되어서 급여형태가 더 좋아진 것은 아니었다. 그 다음 해에 연봉협상 시기가 왔다. 정규직 전환이 된 후 다양한 프로젝트에 투입되어 업무를 수행했지만 회사 분위기라던가, 업무 체계가 특별히 마음에 들었던 것은 아니었다. 그 다음 해에 그는 업무 영역을 넓히고자 했다. 프로젝트 운영과 관리에 있어서 외부업체 담당자들과 컨텍을 해야 할 때가 있다는 이유로 승급을 요구했다. 연봉상승 폭은 작았지만 자신이 제안하는 것들이 경력에 유리한 고지를 선점할 수 있다고 확신해서였다. 그가 얻어낸 것은 사소한 것들이 아니었다.

경력이란 어딘가에 몸담고 있는 데에서 그치는 것이 아니라 조직 안에서 어떤 역할을 수행했는가, 얼마나 일했는가, 어떤 대우를 받았나 등이 복합적으로 평가된다. 그렇기에 연봉만을 강조하기보다 다른 조건들을 얻어내는 것 또한 중요하다. 현명한 직장인은 그렇게 경력 관리를 한다.

코멘트 톡톡!
연봉 외에 다른 조건들도 중요하다. 자신에게 중요한 것은 반드시 쟁취해야 한다.

연봉협상,
밀당의 고수

: 연봉협상? 그거 누가하는 거지? **협상해본 적이 없어** :

연말 평가를 통해 연초면 일괄적으로 연봉을 조정하는 기업이 있다. 혹은 개개인의 연차가 바뀌는 말미에 따라 연봉을 조정하는 기업도 있다. 회사가 연봉을 책정하면 이를 수용할 것인지 말 것인지를 결정하는 방식인데, 만족스럽지 않아도 억지로 수용하는 사람이 많다.

인사담당부장과 마주 앉았던 적이 있다. 입사한 지 오래지 않았지만 해가 바뀌어 연봉협상 시즌이었다. 그분은 '올해도 열심히 일해주세요'라고 말했다. 인자한 미소에 '아, 네! 알겠습니다'라며 미소로 화답했었다. 협상? 그딴 거 잘 몰랐다. 어떻게 나의 업무성적이 평가되는지도 모르고 나는 그 테이블에 앉아서 '저 열심히 일하고 있습니다! 더 열심히 할 거예요' 하고 있었던 것이다. 그 뒤로 회사가 지침으로 내린 연봉인상률은 동결에 가깝거나 물가상승률에 겨우 뒤따랐고 이를 수용하지 못해 퇴사를 결정하는 직원이라 하더라도 붙잡지 않을 심산이었다. 그로 인하여 많은 사람들이 물갈이 되었다.

직장인들 사이에는 이상한 심리가 싹트기 시작했다. 이직하지 않으면 연봉이 큰 폭으로 상승할 리가 없다는 것이었다. 실제로 회사에서 열심히 쌓아올린 경력과 역량은 다른 회사에서 볼 때는 굉장히 매력적인 것이었다. 입장 바꿔 생각하면 회사에서 채용하고자 하는 경력사원은 그만한 가치와 역량이 있어야 한다는 기준이 있었다. 그런데 아이러니하게도 회사는 키워온 사람은 지키지 못했고, 외부에서 인재를 찾으려 하면 마땅한 사람이 없어서 고민한다는 사실에 고개를 갸웃할 수밖에 없었다.

이기적인 회사, 언제까지 부려 먹을래

한편 회사에서는 인재가 없다고 말하면서 야박한 조건을 내걸어 둔다. 좋은 인재임을 알면서 야박한 조건을 제시하고 이에 수용이 안 되면 채용은 불발이다. 그리고는 또 채용을 진행한다. 어쩔 수 없는 조건이라도 수용할 사람은 어딘가에 있다고 믿는 탓이다. 좋은 일자리가 없다고 한탄하는 직장인들은 지금의 일자리도 마뜩치는 않지만 '수용해야지, 어쩌겠어' 한다.

자신이 일한 만큼, 달성한 성과만큼 알아서 보상해주겠지 기대해서는 연봉 협상은 가능하지 않다. 정당한 보상을 요구하려면 당신은 좀 더 치밀한 전략을 사용해야 한다.

협상 시뮬레이션

자, 시뮬레이션 한번 해보자. 협상테이블에 앉기 전에 준비해야 할 것이 있다. 우선 나의 가치를 분석한다. 연간 업무 실적과 자료를 수집하고 그 다음에는 포장하고 차별화하라. 치밀하게 분석해야 한다. 부족했던 점은 축소하고 성취한 것을 부각시켜야 한다. 회사에 어떤 기여를 했는지 강조한 자료는 연봉을 지켜낼 든든한 무기가 된다.

자, 이제 협상테이블에 앉을 차례다. 회사에서 제시하는 내용은 일단 잘 듣는다. 회사에서 편의대로 적정선을 제시하는 데에 고개를 끄덕이며 일단 들어라. 진지한 표정과 자세, 필요하다. 지난 1년간 자신의 업무 실적을 어필하는 센스도 필요하다. 돈에만 너무 집착하지 마라. 협상을 하다보면 깎일 수도 있고 아닐 수도 있다. 연봉이 깎이거나 동결된다면 무엇을 더 얻을 것인가? 휴가나 직급? 추가적인 보상은 없을까? 원하는 부서를 제안할 수는 없을까?

말도 안 되는 요구는 금하라. 자신의 동년배와 비슷한 경력자들이 그 정도 받기 때문에 받아야 한다는 등의 설명은 영 설득력이 떨어진다. 회사의 상황도 충분히 고려하라. 과한 욕심은 화를 부른다.

협상은 누군가가 밑지는 느낌이 들어서는 안 된다. 보다 더 효율적인 협상을 위해서 당신이 준비한 만큼 최선을 다했다면 미련 없이 내려놓아야 한다. 연봉계약서에 사인을 하고 나의 1년 연봉을 수용하도록 한다.

밀당의 기술

간혹 이런 사람이 있다. 본인의 역량을 인정해달라며 자신이 제시한 연봉 수준대로 맞춰주지 않으면 퇴사를 불사하겠다고 으름장을 놓는 것이다. 이런 자신감이 꼭 나쁘다고 볼 수는 없다. 만약 당신이 탁월한 성과를 냈다면 회사는 당신을 붙잡기 위해 애쓸 것이다. 그런데 회사도 밀당을 한다는 사실을 기억하라. 대우가 좋은 곳이 있다면 가도 좋다며 쿨하게 보내주겠다고 한다. 회사의 이런 태도는 자신에 대한 미련이 없다는 것과 다름없다. 실제로 퇴사할 마음이 없었어도 돈에 매달려 이미 마음이 떠난 사람으로 취급받아 뱉은 말에 책임을 지느라 퇴사를 하는 안타까운 사례도 종종 보았다.

협상을 잘하려면 훈련된 스킬이 요구된다. 인상률은 반드시 회사 측에서 먼저 얘기하도록 해야 한다. 당신이 정당하게 기대했던 목표 인상률은 제시된 것보다 훨씬 웃돌았음을 드러내며 이제까지 열심히 일했다는 증거자료를 제시한다.

"○○씨가 저보다 더 많은 월급을 받고 있는 건 부당한데요."

"물가가 많이 올랐는데 어떻게 좀 안 될까요?"

"(말로만) 작년에 저는 실적이 좋았는데요."

다른 사람의 연봉이 자신보다 높기 때문에 응당 높아야 하는 것이 아니다. 물가가 올랐으니 그보다 더 받아야 한다는 논리도 안 통한다. 말로만 실적 운운해서는 증거가 되지 않는다. ==당신이 회사에 기여한 부분을 정당하게 인정해달라는 쪽에 더 무게를 실어야 한다.==

연봉 협상의 속사정은 이렇다. 목표 인상률을 20퍼센트로 정했을 때, 30퍼센트 정도로 높게 요구하고 최종적으로는 20퍼센트에 사인하겠다는 가격흥정을 하는 것이다. 상대도 대단한 협상가라는 것을 가정하고 그렇게 쉽게 수용될 리 없을 것 또한 예상해둔다.

당신의 연봉을 보다 더 올려주면 회사의 고정비는 상승하고 이익은 줄어든다. 당신의 연봉을 올려주어도 괜찮을, 궁극적으로는 회사의 이득을 가져와야 한다. 지금껏 기록한 실적을 분석하여 다음 1년 동안 일구고 싶은 목표치를 대안으로 제안하도록 한다. 당당하게 자신의 포부까지 밝히는 직원의 가능성에 회사는 귀 기울인다. 물론 당신에게 투자하는 것이 결코 아깝지 않을 만큼 지금보다 더 열심히 일할 준비가 되어 있어야 한다.

 **코멘트 톡톡!**

성공적인 연봉협상을 위해서는 회사와의 밀당이 필요하다. 1년 동안 일구려 하는 목표치를 제안하여 자신의 가치를 높이고, 협상테이블에서 우위를 선점하라.

CHAPTER 04

인사고과의 비밀

인사고과와
연봉의 상관관계

당신의 역량, 안녕하십니까

일반적으로 대기업의 인사고과는 업무성과에 기초하여 업적평가를 한다. 업적평가는 보통 S등급부터 ABCD등급, 총 다섯 등급으로 나뉜다. 업적평가 시에는 팀과 개인의 업적을 평가한다. 팀원이 1년 단위로 세운 계량적인 목표를 얼마나 달성했는지가 평가의 기준이다. 목표치를 웃도는 업무성과를 내야만 S등급을 받는다. 역량평가는 지식, 기술, 태도(KSA)를 평가한다. 회사 인재상에 부합하는 정도, 글로벌 마인드, 창의성, 책임감, 협조성, 관리능력, 판단력, 계획성 등 비계량적 항목이 이에 해당한다.

팀원들에 대한 평가는 팀장 기준에 맞게 절대평가를 통해 점수를 매기게 된다. 최종상급자인 본부장까지 평가를 마치면 인사팀으로 넘어간다. 인사팀은 모든 평가결과를 합쳐 종합점수를 내고 팀원 개인 연봉과 승진, 포상, 교육에 반영한다.

사원과 대리 직급의 평가는 팀장의 손에 달려 있다. 팀장 위의 상급자는 팀장의 평가에 따라 등급을 준다. 그러니 직속상관에게 좋은 평가를 받으려는 노력은 당연시된다. 만약 인사고과에서 S등급을 받았다고 가정해보자. 보통 평균적인 임금인상률의 2배를 적용한다는 기준이 따라붙는다. 이 파격적인 보상은 회사에 기여했음을 치하하는 훌륭한 역할을 한다. 연봉이 3,000만 원이라고 할 때 평균 임금인상률은 3~5퍼센트인데, S등급 기준으로 그 2배인 10퍼센트 인상을 하게 된다면 다음 해에는 다른 동료들보다 150만 원을 더 받게 된다. '그래봤자 월급으로 감안하면 10만 원 조금 넘는 금액을 받는 건데 뭐, 별 차이도 없네'라고 생각할지도 모른다. 그러나 이것은 연차가 짧은 이들의 체감연봉수준이다. 이런 차이가 누적되면 어떨까? 격차는 점점 벌어진다. 흔히 우리 주변에 연봉이 몇 천만 원이라더라 거론되는 이들은 이러한 시스템에 의해서 평가되고 연봉이 책정되었다.

: 평가제도의 폐해 :

한편 인사평가제도는 과도한 성과주의에 의해 경쟁을 부추기고 이기주의를 양산하고, 스트레스를 심하게 받는 직원들이 많아져 오히려 생산성이 떨어진다는 부작용도 가지고 있다. 좋은 고과를 받아 연봉인상률을 높게 적용받은 사람이야 이의가 없을 것이다. 정당한 보상을 받았기 때문이다. 반면 고과가 좋지 않아 연봉인상률이 낮거나 동결되거나 하물며 삭감이라도 당하는 사람은 전의를 상실하고 무기력감에 빠진다. 내가 얼마나 노력했는데 평가를 제대로 해주지 않느냐고 상급자의 멱살이라도 잡고 싶다. 하지만 그랬다가는 하극상이라 여겨져 매장 당할 위기와 마주해야 한다.

==한 직장에서 오래 살아남기를 기대한다면 경력관리의 개념을 좁혀 인사고과를 잘 관리해야 한다는 결론을 맺을 수 있다. 관리를 한다는 의미는 자신의 행적을 민감하게 관장한다는 의미이다.== 주어진 일대로 순응하고 따라가는 것이 아니라 자발적으로 계획하고 통제하고 성과를 내는 것이다. 회사는 그렇게 칼로 무 자르듯 빡빡하지 않으려 하지만 때로는 회사에 이익이 되는 사람을 남기고 정체되어 있는 인물은 내보내야 한다는 규정도 만들 수 있다. 어떤 기업은 삼진아웃제를 통해 인사고과 성적이 세 번 연속 나쁘면 퇴사를 권유한다. 인사고과라는 성적표를 제대로 관리하지 못해 한 번 뒤처지기 시작하면 정당한 보상을 받지 못하고 평판에까지 영향을 미칠 수 있다. 때문에 정신 똑

바로 차리고 일해야 한다는 데 동의하지 않을 사람은 없을 것이다.

: 객관적인 자기평가부터 **시작하라** :

간혹 체계도 없는데 굳이 그렇게 해야 하느냐고 묻는 이들이 있다. 그러나 한편으로는 체계가 없는 것도 기회다. 스스로 올해 목표를 정하고 이를 달성하기 위한 노력을 가미해보자. 글로 적어두면 더 효과적일 것이다. '적었으니 참 잘 했어요' 하는 것이 아니라 적어놓고 보고 또 봐서 머릿속에 각인하고 마음으로 받아들여야 한다. 성과는 매 순간마다 노력하여 얻어지는 것이지, 어떤 때는 되고 어떤 때는 되지 않는 것은 아니다. 목표를 잡기 어렵다면 당신의 상급자에게 기꺼이 조언을 구해야 한다. 당신의 부족한 점은 무엇인지, 강점은 무엇인지, 당신에게 기대하는 것은 무엇인지, 얼마만큼의 목표치를 두고 달리면 좋을지. 당신이 자신에 대해서 분석한 내용도 함께 나누도록 한다. 인사고과는 당신 상급자의 영향력이 막중하다. 그러한 논의를 함으로써 이미 당신은 당신의 적극성을 상급자에게 어필하기 시작한 것이다.

> **코멘트 톡톡!**
> 체계 없는 회사에 대한 원망은 접어두고 자신을 객관적으로 평가하고 목표를 달성하라.

평가는 두려워

: 평가 스트레스 :

회사는 직원에 대한 적합한 평가를 통해 적절한 보상을 주고자 한다. 매년 인사평가를 하여 그 결과에 따라 연봉 인상과 승진 여부를 결정한다. 마치 정육점에서 소고기가 1등급이냐 1++등급이냐에 따라 가격이 달라지는 느낌이다. 당신이 직장인이라면 자신에 대한 평가와 등급에 초연하기는 어려울 것이다.

    왜 우리는 평가가 두려울까? 이는 시험이라는 평가제도에 길들여졌기 때문이다. 우등 집단에 속해 가치 있는 존재로 인정받고자 하는 것이 사람의 본능이라 열등 집단으로 구분되어 부정적인 평가를 받을까 하는 두려움이 깊게 뿌리 내렸다. 졸업과 동시에 평가도 끝이 나면 좋으련만 직장에 들어와서도 평가는 계속된다. 당신의 능력을 검증하기 위해서는 일괄적인 기준의 평가가 불가피하다.

가전제품 제조회사 입사 4년차 H씨는 올해 인사평가에서 B등급을 받았다. 대학에서는 한 과목에서 B학점을 받으면 다른 과목 점수로 만회해서 전체 평점이라도 올릴 수 있지만 고과에서 B등급 받으면 그저 사람이 B급이 되어버리는 기분이다. 다음에도 평가가 안 좋으면 승진 대상에서 누락되고 연봉 올리기도 쉽지 않다는 생각이 미치자 어떤 일을 할 때에도 계속 예민해지고 겁이 나기 시작했다.

우수한 평가를 받지 못하면 내가 이거밖에 되지 않는가에 대한 실망감, 정당하게 평가하지 않고 멋대로 등급을 매긴 상급자에 대한 분노, 나름 열심히 했는데 이에 대해 인정받지 못한 데 대한 억울함이 뒤엉켜 더욱 혼란스럽다.

흘린 땀의 가치만큼 **보상 받으라**

직장인은 한 해 농사 잘 지어 잘 여문 곡식을 얻어야만 보상을 받는 농부와 같은 입장이다. 농사를 시작한 지 얼마 되지 않았고 논밭이 고르지 못했을 수 있다. 또 농사의 기술이 부족했을 수도 있다. 너무 가물거나 홍수가 나서 한창 자랄 곡식이 제대로 여물지 못했을 수도 있다. 첫해는 그렇게 미숙하지만 점차 농사의 기술을 익히고 땅이 고와지고 가뭄과 홍수에 미리 대비할 수 있게 되었다. 이제 농부의 땀에 대한 정당한 보상을 받을 때도 되었다. 하지만 한 해 농사 잘했다고 자만하면 그 다음 해 농사는 망칠지 모른다. 아침부터 저녁까지 종일 논일, 밭일하며 수고롭게 땀 흘리는 농부의 심정으로 당신의 1년을 부지런히 우직하게, 때로는 재난에 미리 대비하며 일해야 한다.

물론, 연말평가 시즌에만 반짝 열심히 일하는 벼락치기 꼼수는 통하지 않는다는 것부터 알아야 한다. 직장에서의 연말평가는 최신효과(최근의 인상이 가장 큰 영향을 미친다는 심리이론)가 많이 작용하기는 하지만 실적과 더불어 평소에 일하는 태도가 적극 반영된다. 1년 농사 잘 짓기 위해 새로운 수확량도 점검하고 매일 꾸준히 부지런히 움직이는 직장인은 결국 탐스러운 결실을 얻게 될 것이다.

> **코멘트 톡톡!**
> 벼락치기 꼼수는 직장에서 잘 통하지 않는다. 평가를 매길 때는 개인의 실적과 태도가 가장 큰 비중을 차지한다.

자신감마저 잃으면
회복이 어렵다

⋮ 중심에 서기 위한 **몸부림** ⋮

숙련되지 않은 사원들에게는 잡다한 업무가 주어진다. 제대로 된 일을 하기에는 아직 여물지 않았다고 판단되어 기초적이고 보조적인 업무를 하기 시작한다. 입사 초기니까 그러려니 한다. 입사 후 3년차가 되었다. 이야기가 달라진다. 누군가는 계속 잡일을 도맡아하고 누군가는 메인 프로젝트를 담당하여 성과를 내기 시작한다. 이상하다. 왜 이런 일이?

모 IT 회사 4년차 B 대리는 직급 상 실무를 담당해야 하는데 중요한 업무에서 계속 열외가 되는 느낌을 받아 답답하다고 하소연했다. 왜 그런 느낌을 받는지 물으니 입사 때부터 팀 내 여자가 혼자이다 보니 서포팅 업무만 주어지더란다. IT전공자가 아닌데 채용되어 업무를 따라가야 했기에 특별한 불만 없이 묵묵히 일했는데 자신이 바랐던 개발업무로부터 멀어지고 남자동기들과 다른 대우를 받고 있다고 했다. 여직원의 유리천장인가 싶어 회사에 대한 불만이 쌓이고 상급자의 불공정함에 대해 회의감이 들었다. 어디로 이직해야 할까를 고민하지만 애당초 좀 더 민감했어야만 했다고 후회했다. 처음으로 돌아갈 수는 없다. 다시 돌아가도 아마 다른 선택을 했을 것 같지 않다. 스스로 굉장히 순응적인 사람이었고 조직 시스템에 둔감했던 것을 인정했다. 지금이라도 늦지 않았으니 어떤 방식으로 일해야 할까를 고민하다가도 판단이 어려워 막막하다고 했다.

그렇다면 그녀에게 기회가 오지 않을까? 이미 삼진아웃 대상에 이름이 올라 있을까? 아니라고 믿는다면 다음 기회를 모색해봐야 한다. 우연히 찾아오는 기회에도 일이 돌아가는 흐름을 읽지 못하면 실수가 생긴다. 그러면 상급자는 말할 것이다. 이제 연차도 있는데 그 정도 일도 못해서 어쩌느냐고. 당사자는 당혹스럽다. 자신이 할 수 있는 최선을 다한 것인데 어디에선가부터 잘못되고 있었다. 잡무만 담당해왔으니 전체 그림을 그려본 적이 없어 그 일을 어떻게 처리해야 할지 곤란한 지경에 이른 것이다. 실수는 다시 만회하면 된다고 하지만 혹여 회사에 금전적인 손해라도 끼치는 날에는 다시 재기할 수 있는 기회가 오지 않을지도 모른다. 회사는 돈과 직결되는 문제에는 민감할 수밖에 없기 때문이다.

: 탄탄하게 다져가야 할 **입지** :

프로야구나 프로축구에는 2군이 있다. 2군 선수가 된다는 것은 최상의 선수가 아님을 의미한다. 직장에서의 2군도 존재한다. 만약 당신이 실력을 인정받지 못하고 있다면 당신의 인격마저도 2군으로 취급된다. 나는 B대리에게 자신감 회복이 급선무라고 말했다. 기대치를 낮추고 사소한 성공경험에서 '해보니까 되는구나'라는 피드백을 얻어낼 수 있도록 독려했다. 처음부터 강속구를 던지고 홈런을 치고 장거리 슛을 날려 단박에 골인을 하리라는 욕심을 버려야 한다. 부단한 노력이 없이 1군이 될 수는 없다. 1군에 속한 이들도 노력하지 않으면 자리를 보전하기 어렵다.

한번 새겨진 주홍글씨는 오래도록 남는다. 회사는 개선의 여지를 두고 기회는 주지만 철저한 성과주의라 끝까지 너그러워질 수 없다. 자신에게 처한 위기를 방치하는 이를 회사는 떠나지 않고서는 못 배기게 만들어버릴 수 있다. 냉혹한 현실이다. 같은 업종에 남아 있는 한 주홍글씨는 오래 간다. 딱 그만큼의 수준으로 폄하되어 이직을 할 때 꼬리표처럼 따라다닐 가능성이 높다. 그러기에 심기일전하여 꼬리를 말끔히 잘라버리고 낙인은 지워내야 한다.

10대에는 부모와 선생님에게 인정받으려 애썼다. 20대가 되고 30대가 되어서도 인정받기 위한 노력은 끝나지 않는다. 평가는 계속되고 인정욕구는 계속 자극된다. 누군가로부터 인정받으려고 애쓰는 과정이 두드러지면 평가에 대해 과도하게 민감해지고 스트레스는 쌓인다.

인정받는 것에서 자유로우려면 스스로 만족스러운 결과를 내야 한다. 내가 만족한다고 하여 타인의 높은 기준까지 충족시킬 수 없을지 모르지만 자신감마저 상실하게 되면 나락으로 떨어져 헤어날 수 없다.

> **🎒 코멘트 톡톡!**
> 작은 성공경험으로 자신감을 강화해라. 단숨에 성과를 내려 서두르면 실패의 늪에 빠진다.

저성과자의
위기극복법

⋮ 핵심인재 아닌, 인간재해? ⋮

당신은 인재(人材)인가? 인재(人災)인가? 모든 사람은 자신의 주관적 가치평가기준이 있다. 그래서 자신이 바라보는 관점과 타인이 바라보는 관점 사이에는 틈이 있다. 평가의 주체인 상급자의 입장에서 보면 당신이 스스로 바라보는 모습과 전혀 다를 수 있다.

평가 결과에 승복하지 못하고 말만 많은 사람은 스스로 인재가 아님을 증명하는 것이다. 정당하지 못하다고 반론을 제기할 수도 있겠지만, 그에 앞서 정말 자신이 어떤 태도를 취해야 할지, 앞으로 어떻게 대처해야 할지 고민하는 시간이 절실히 필요하다.

인재로 거듭나는 **방법**

우선, 변명하지 않아야 한다. 연말 평가에서 C등급을 확인하고 당장 팀장에게 달려가 이유를 따져 물은 마케팅 담당 K씨는 '시장 상황이 여의치 않았다, 회사에 추가 지원을 요청했지만 들어주지 않아 일하기 어려웠다, 동료가 협조적이지 않았다'는 등의 변명을 늘어놓았다. 하지만 그러한 변명은 구차하다. 교수에게 학점을 구걸해도 학점 변경이 쉽지 않은 것 이상으로 재평가는 어렵다. 회사의 평가시스템을 걸고 넘어가도 소용없다. 공통의 룰이 전 직원에게 적용되었고 상대 평가를 통해 줄 세우기를 하지 않으면 '우리 회사는 체계가 없어'라고 또 다른 변명이 튀어나올 것이 뻔하다.

다음으로 할 것은 지금 자신의 위치와 역량은 어느 수준인가 판단하는 것이다. 평가 항목들을 살펴보면 세분화되어 있다. 특정 항목이 낮게 나왔다면 상급자가 판단하기에 그 부분이 부족하다고 여겨졌기 때문이다. 상급자의 평가가 지극히 주관적이었건 냉정했건 무관하다. 그저 그렇게 평가된 것에 초점을 맞추도록 한다. 그리고 왜 그런 평가를 받았는지 과거 행적을 돌이켜본다. 그리고 도움을 청해야 한다. 자존심 때문에 혼자 끙끙 앓기보다 열린 마음으로 상급자를 찾아가야 한다. 어떤 것이 자신의 문제인지 어떻게 하면 더 발전할 수 있을지 기꺼이 상급자의 조언을 수용하겠다는 태도여야만 한다. 개선하겠다는 의지를 보이는 것도 중요하다.

그 다음은 지금까지 해왔던 것보다 20퍼센트 더 열심히 일해야 한다. 당신이 저평가된 이유는 80퍼센트의 수행만 했기 때문이다. 100퍼센트 전력투구했다면 분명 더 좋은 평가를 받았을 것이다. 외부환경이 받쳐주지 않아서라는 합리화로 상황은 변하지 않는다.

안 맞는 옷에 몸을 끼워 맞추지 마라

물론 아무리 노력해도 안 되는 것도 있다. 당신의 역량이 그 일에 맞지 않을 수도 있다. 그럼에도 어떻게든 자리를 보전하려고 한다면 자존심 때문이거나 자신에 대해 잘 모르고 있기 때문이다. 최선의 노력을 다했고 정말 할 수 있는 만큼 해봤는데도 되지 않는다면 차라리 자신을 위해, 회사를 위해 당신이 스스로 백기를 드는 것도 하나의 방법일 수 있다. 때로는 가야만 하는 길이 다른 방향으로 펼쳐져 있을 가능성도 열어두는 것이다. 쉽게 포기하라는 어설픈 조언이 아니다. 끝까지 해보고 나서의 문제다.

일전에 금융권에서 근무경력이 있는 사람이 행정업무 담당자로 채용된 적 있었다. 그녀는 은행의 자동화 시스템에 익숙해 있어서 일반 회사에서의 업무 방식, 특히 엑셀을 다루고 체계적인 문서작성을 하는 일을 어려워했다. 엑셀 관련 책도 마련해놓고 나머지 공부를 하며 노력하는가 싶더니 실수가 잦아 상급자로부터 꾸지람을 종종 들었다. 쉽게 포기하지 않고 매달려 업무에 적응하려 노력한 이후 그녀는 상급자와 면담을 하고 좀 더 자신의 커리어에 대해 생각해보는 시간을 보냈다. 이후 퇴사해 은행 쪽으로 돌아갔다. 은행 업무가 싫어져 업종을 바꾸었던 그녀에게 익숙하고 더 잘하는 일은 그 분야였던 것이다.

만약 아무리 해도 안 된다면, '이 일과 맞지 않는 것 같습니다. 다른 부서에서 일해볼 수 있도록 한 번 더 기회를 주시겠습니까?'라며 청유해볼 수도 있다. 그것이 진짜 조직을 위해 현명한 선택일지도 모른다.

우수한 평가를 받는 사람들은 특징이 있다. 자신의 성과를 평가와 연결지어 드러낸다. 실적을 두드러지게 보이게 하는 방법을 알고 있다. 또 평가자인 상사와 좋은 관계를 맺고 있다. 평소의 수행 태도도 적극적이고 능동적이어서 사내에서 평판이 좋다. 반면 성과보다 평가를 잘 받지 못하는 사람은 자기 어필이 부족하고 평가에 대한 민감성이 떨어진다. 평소 업무 태도도 소극적이고 수동적인 경향이 있다. 상사와의 관계가 원만하지 않아 실제보다 저평가되기 쉽다. 지금 당신은 어느 쪽인가?

> **코멘트 톡톡!**
> 좋지 않은 평가를 받았다고 바로 좌절하지 마라.
> 지금이야말로 기회를 창출하고 100퍼센트의 역량으로 전력투구할 때이다.

CHAPTER 05

지금 머문 그곳에서 일단 성공하라

할 수 없는 것인가?
하지 않는 것인가?

: 재미없고, 위험부담이 큰 일이 주어졌을 때 :

팀 회의를 주관하러 회의실에 들어갔다. 윗선에서 새로운 사업 아이템에 대한 압박을 하여 이 사안을 팀원들과 함께 공유하고 팀의 나아갈 바를 논의하기 위한 자리였다. 전년도에 이런저런 프로젝트를 하다 보니 수행이 어렵고 돈은 되지 않는 프로젝트들도 있었고 폼 나고 그다지 품이 들지 않는 프로젝트들도 있었다. 하지만 시장변화의 움직임을 미리 예측해야 하는 입장에서 일단 어려워도 받아들이고 추진해야 하는 업무들도 있었다. 팀원들이 이 일들에 대해서 난색을 표했다.

'우리 재미있는 일을 하기로 하지 않았느냐'고 그러길래 '그래, 나도 바란다. 재미있고 서로 용기 북돋으며 함께 할 일들만 골라서 하고 싶다'라고 했다. 그리고 한동안 침묵이 흘렀다. 팀원들은 '당신이 팀장이니 그런 일을 만들어내야 하는 거 아닌가. 그래야 자신들이 일다운 일을 하지 않겠는가'라는 눈치였다. 이럴 때 누군가 '팀장님, 한번 해보시죠. 어려울 때 단합해서 노력하면 더 나은 가능성이 열리겠지요'라고 했다면 팀을 이끄는 입장에서 훨씬 든든하고 힘이 되었을 것이다. 하지만 어느 누구도, 단 한 사람도 자기 몸을 사리느라 입을 닫고 눈을 마주치지 않으려 했다. 생각해보면 나 또한 팀원일 때 그러했던 것 같다. 그렇기 때문에 차마 그들을 야속해할 수 없었다.

우리는 할 수 있는 일과 할 수 없는 일을 흑백논리의 기준에 따라 구분 지으려 한다. 도전적이고 진취적인 인재라고 스스로 자부하면서도 할 수 없는 일의 영역을 키워놓고 지극히 안정적인 일만 추진하려 한다. 모험과 도전은 위험부담이 크고 전력투구를 하기에는 에너지가 아깝다고 여긴다. 성과가 눈에 팍팍 띄는 일을 맡아 단박에 돋보이고 싶다. 하지만 회사의 일이라는 게 재미있는 일만 있는 것도 아니요, 성과가 두드러지는 일만 할 수 있는 것도 아니다. 누군가는 그 일을 해야만 하고 그 일이 당신에게 주어졌다면 하기 싫은 일이라도 해내야만 한다. 하기 싫은 일이지, 할 수 없는 일은 아니기 때문이다.

▶ 관점을 바꾸고 하는 일의 **묘미를 찾아보라** ◀

평소 지겹다고 느꼈던 일이 있다면 관점을 바꿔보라. 재미를 찾아보지 않고 재미없다고 단정 짓기에는 일의 묘미가 찰지게 숨어 있다. 어떤 일이라 하더라도 매순간 재미있을 수는 없다. 쉬운 일은 쉽게 해나갈 수 있어 속도가 붙고 재미있게 느껴질지 모르지만 너무 단순한 일은 흥미를 더 떨어뜨릴 가능성이 있다.

고루하고 하기 싫은 일도 잘해내면 잘하는 일이 된다. 관리자로 승진하면 사소한 것에서부터 대범한 일까지 모든 것을 관장해야 한다. 관리자가 되기 전, 아직은 충분히 경험이 필요한 때, 할 수 없는 일이라 단정 지은 영역을 줄이고 많이 시도를 해보는 일이 많아져야 할 때이다. 작은 실패와 작은 성공을 더 해도 되는 때이다.

> 💼 **코멘트 톡톡!**
> 하고 싶지 않은 일이더라도 해내야만 할 때가 있다.
> 우선 실행해보자. 잘하게 되면 재미도 붙는다.

당신의 파랑새는
어디에 있나

: 당신의 회사는 **비전이 있나요?** :

직장인들을 만나보면 '회사에 비전이 없어'라는 말을 종종 듣는다. 회사에서 비전을 운운하는 것은 보통 상사와 선배들이 행하는 무기력한 모습이라던가, 변하지 않는 고리타분한 시스템이라던가, 물가는 오르는데 급여는 오르지 않는 등의 단편적인 모습들에서 불만이 생겼을 때이다.

아이러니하게도 대외적으로 우수한 기업에 다니는 이들도 자신들이 다니는 직장에 비전이 없다고 토로한다. 따지고 보면 그 시스템과 연봉과 복지 등을 만족하는 이들도 분명 있을 것이다. 어쩌면 직장인으로서 입버릇처럼 말하는 것은 아닐까 하는 생각이 든 적 있다. 마치 아침에 눈뜨고 잠드는 일상이 지루하다고 말하듯이 말이다.

비전을 찾기 위해 이직을 선택하고 대학원에 진학하고 자격증을 취득하고 외국어 공부를 한다고 선언한다면 '그래, 괜찮다. 나쁘지 않아'라고 말해줄 수 있다. 하지만 그러한 단편적인 시도를 통해 어느 날 갑자기 비전이 생길 것이라 기대하지는 말기 바란다. 당신이 찾고자 하는 비전은 당신 스스로 만들어 낼 수 있는 것이기 때문이다.

꿈꾸었던 삶이 현실과 다르다고 해서 낙담만 한다면 그 꿈은 이뤄지기 어려울 것이다. 현실 안에서 새로운 꿈을 꾸지 못하는 것이 안타깝다. 나이 많은 어르신들에게 '꿈이 뭐냐'고 물으면 버럭 화를 내며 '이 나이에 무슨 꿈 타령이냐'고 할지 모른다. 그러나 나이가 들어도 꿈을 좇아 계속 달려가고 있다면 왜인지 모르게 영혼까지 젊은 것 같아 부럽기도 하다. 그런 모습이고 싶지 않은가.

： 비전은 스스로 **만들어내는 것** ：

생각해보면 직업을 갖기 위해서 취업을 했고 직장이라는 터전에서 배우고 익히는 과정을 경험하고 결국에는 회사에 돈을 벌어다주는 과정에서 정당한 보상을 받았다. 만약 직장에 다녀보지 않고 돈을 버는 것에 의미를 두고 악착같이 돈을 모으는 데에만 전력투구했다면 지금 훨씬 더 많은 자산을 가지고 있을지 모른다. 하지만 직장생활을 통해 경험이라는 자산을 얻었고 사람을 얻었다. 직장을 다니는 이유는 바로 그런 것이었다. 학교라는 울타리를 나와서 전혀 만나지 않았을 사람들을 만나게 되는 또 다른 장이었으니까. 이상한 사람도 있었고 닮고 싶지 않은 상급자와 선배들도 있었지만 그에 못지않게 좋은 사람들도 있었다.

회사에 비전이 없다고 말하며 어떻게 이 지옥을 벗어날 수 있을까만 궁리하는 사람들은 같은 공간 내에서 티가 난다. 일에서 마음이 떠났기 때문에 동료들과 함께 어울리기를 꺼린다. 그들은 함께 일하는 사람들을 불편하게 하고, 울타리를 치고 다른 곳만 바라본다. 회사가 무엇인가를 해주어야만 한다는 생각만 하는 사람은 젖을 보채는 아이처럼 칭얼거림이 많아진다. 경력직으로 이직을 할 때 고려하는 바가 '회사의 비전이 있나'이지만 면접을 볼 때에는 '스스로 회사에 기여할 바'를 제시해야 한다. 이제는 회사에 비전을 달라고 울부짖기보다 스스로 비전을 만들어보자.

> **코멘트 톡톡!**
> 당신의 파랑새는 저 멀리에 있는 것이 아니라 가까이에 있다.
> 실행이 없는 비전과 전략은 아무 소용이 없다.

너 같은 사람 없더라

: 당신은 일을 믿고 맡길 수 있는 사람인가요? :

안정적으로 성장을 지속하는 회사에 다니고 있다면 회사와 함께 성장하는 느낌이 들 텐데 '회사생활이 힘들어요' 이야기하는 사람들의 회사는 실제로 불안정할 가능성이 높다. 그래서 회사와 함께 성장할 수 없으니 혼자서 개인의 성장을 도모해야 해서 더 불안하고 외롭다고 한다.

다만 회사는 생존을 위해 몸부림치는 유기체임을 기억해야 한다.

조직 안에서 수많은 사람들이 머리를 맞대고 고민하고 치열하게 각자의 생존, 팀의 생존, 회사의 생존을 논한다. 그렇다고 뾰족한 묘수가 있는 것은 아니다. 직장생활을 시작한 지 오래지 않은 직원들, 아직 관리자가 아니라면 생존과 직결된 문제를 논해야 하는 불안에서 조금 비껴 있을 수 있다. 대단한 무엇을 기대하지 않기 때문이다. 특별히 성과라고 기대할 것도 없어 맡은 일을 잘해내면 상사와 선배들로부터 신뢰를 얻을 수 있다.

  멘토로 삼은 선배와 상사들에게 언제든 찾아갈 수 있고 언제든 도움을 청할 수 있다면 어떨까? 회사를 그만두어도 상사나 선배에게 이런 말을 들으면 어떨까?

> "너 같은 녀석 없어, 정말 일 하나는 깔끔하게 했지. 하나를 알려주면 둘을 알고 내가 위기감이 느껴질 지경이었어. 너와 내가 가는 길은 이제 다르지만 너 같은 후배가 없더라."

집에서 세는 바가지, 밖에서도 센다고 했다. 지금 속한 회사에서의 생활을 제대로 못한 사람이 자신의 업을 살려 경력관리를 매우 잘해낼 거라 여겨지지 않는다. 물론 개인의 성향에 따라 조직생활이 본래 잘 맞지 않는 사람이 있다. 그런 사람이라 하더라도 직장 내에서 얻을 수 있는 다양한 부가가치는 많다. 이를 얻지 못한다면 스스로는 괴롭고 언제 직장에서 도망칠지 궁리하며 버티는 꼴이다. ==모든 일을 잘하==

<mark>기를 기대하는 것이 아니다. 지금 있는 곳에서 성공의 맛을 보아야 밖에 나가서도 성공의 가능성을 일깨우고 좀 더 큰 성취가 가능해진다.</mark>

: 불만만 품고 있어서는 **바뀌는 것이 없다** :

많은 사람들이 그렇게 이야기한다.

"회사가 해준 게 없다. 뼈 빠지게 일해도 돌아오는 보상은 늘 충분하지 않아."

보상을 기대하지 못하는 곳에서 불만만 품고 있다 해서 사실 달라질 것은 없다. 물론 제자리에서 쳇바퀴 돌면서 스스로 이렇게 불행한 것이 회사 때문이라고 탓하는 것도 방법이다. 남 탓은 자존감을 지켜내는 데 유리한 방어기제이기 때문이다.

하지만 그간 자신을 부려먹은 회사에 통쾌하게 복수하는 방법은 따로 있다. 회사에서 인정받고 제발 나가지 말아달라고 매달릴 때, 사표를 내버리는 짜릿한 상상을 해보자. 이직을 택하더라도 '이전 직장에서 참 잘 배우고 잘 성장해서 지금의 모습을 갖추었군요'라고 인정받는 것 또한 짜릿한 복수이다.

그저 월급을 올려주지 않는다는 이유만으로, 야근을 많이 한다는 이유만으로 괴로운 것은 당신이 괴로움을 선택했기 때문이다. 회사의 가치를 높이면 당신의 가치도 올라간다. 회사의 가치를 하찮게 여기면 당신의 가치도 떨어진다. 몸담았던 과거의 경력은 한 점 부끄럽지 않아야 한다.

> **코멘트 톡톡!**
>
> 회사에서 만났던 동료, 상사, 외부 담당자들이 미래의 당신 고객이다. 그들이 당신의 단단한 네트워킹 조직이 될 것이다.

직장은 배움터, 그리고 성장터

: '함께 일하는 것'의 즐거움 :

구직자들에게 직장생활에 대해 말하면서 회사는 지긋지긋한 곳이 아니라 신입사원에게 일을 가르쳐주면서 돈도 주는 배움터라고 이야기했다. 실제로 그러했다. 선배는 신입사원에게 전화 받는 법, 이메일 작성하는 법, 고객을 만나면 인사하는 법, 상사를 대하는 법까지도 세세하게 알려주었다.

그저 공부만 열심히 하다가 희망하는 직업이 생겼고 직업의 기초와

틀을 다질 수 있게 한 곳은 직장이었다. 직장생활을 하면서 회의가 들었던 때도 많았지만 직장생활의 전부가 후회와 한탄으로만 얼룩져 있었던 것은 아니었다. 의외로 많은 성취가 있었고 실패로 인한 좌절감도 있었지만 응원해주는 주변의 동료들, 상사도 있었다. 그렇기 때문에 직장생활을 버틸 수 있었다. 같은 직장에 몸담았던 동기들이 다 뿔뿔이 흩어져 자신의 커리어를 쌓아가고 있으면서 가끔 한 자리에 모이면 '그때가 좋았어'라고 이야기한다. 어리석은 상사의 뒷담도 해보고, 어떻게 돌아가는지 헷갈리는 회사의 정보도 공유했던, '함께 일하는 것'의 즐거움에 대해서 추억하고는 한다. 동료가 있었기 때문에 가능한 것이었다. 경력이 쌓여 어느새 기득권층이 되어버리는 것 같은 느낌이 들 때면 문득 그때가 그립다.

어제보다 한 걸음 더 나아간 오늘

고등학생이 무거운 공부의 압박을 견뎌내는 것은 대학에만 들어가면 새로운 삶이 있을 거라는 막연한 기대 때문이다. 군인이 국방의 의무라 해도 21개월을 견뎌내는 이유도 이 시간만 견디면 전역하여 사회에 나가게 될 것을 기대하기 때문이다. 직장생활을 언제쯤 끝내고 싶다는 뚜렷한 목표와 계획이 있다면 그에 맞춰 견뎌낼 수 있을까. 만약 그렇다면 직장생활을 끝내고 또 다른 꿈을 꿀 수 있을 것이다. 하지만 직장인은 직장을 통해 성장한다. 지금 당신은 당신이 머문 자리에서 보다 더 성장할 수 있다. 지금도 괴로움에 머리를 쥐어뜯을지언정 이 고된 삶이 언제 끝나나 한숨지을지언정, 분명 당신은 어제보다 오늘 한 걸음 더 나아갔다.

> **코멘트 톡톡!**
> 직장은 당신을 좀 먹게 하는 악의 소굴이 아니다. 충분히 배우고 성장할 수 있는 터전이다. 직장인은 결국 직장을 통해 성장한다.

PART 03

직장인 사춘기를
딛고
이기는
경력
관리법

CHAPTER

01

경력관리, 그것이 알고 싶다

경력의 중심에 서라

: '그때, 그렇게 할 걸'이라는 **아쉬움** :

경력의 의미를 되새겨보자. 경력은 사전적 의미로 '여러 가지 일을 겪으며 지내 옴'을 뜻한다. 결국 어떤 일을 하기 위해서 준비해온 과정도 넓은 의미로는 경력이라고 볼 수 있다. 경력의 비슷한 말로 경험, 이력 등을 언급하니 스스로 어떤 일을 하고 있다는 데 자부심을 갖고, 이를 바탕으로 어떤 일을 위해 준비하고 노력하는 모든 과정을 경력관리로 보아야 한다. 더구나 관리의 개념이란 주체성이 자리해야 한다. 본인이 판단하고 결정하여 결과에 책임지는 것 또한 중요하다.

20대의 취업준비생 K씨는 "그때 진로에 대해서 좀 더 고민을 많이 하고 전공을 택했다면 취업이 좀 더 쉬웠을 것 같아요"라고 말한다. 자신의 현재가 만족스럽지 않아 과거를 아쉽다 한다.

30대의 K대리는 "취업할 때 좀 더 신중하게 적성에 맞는 일을 찾았어야 하는데 너무 성급하게 입사한 것 같아요. 지금 다시 돌아가기는 늦었을까요?"라고 한다. 역시 자신의 현재가 만족스럽지 못하면 과거의 발자취는 후회스럽다.

40대의 K차장은 "진작 이직을 했어야 하는데 이직을 주저했더니 이제는 갈 데도 없어요. 경기도 안 좋다는데 무턱대고 창업을 할 수도 없고…" 만약 다시 돌아간다면 전혀 다른 선택을 했을까 싶단다.

물론 경력관리의 개념을 이해하고 철저히 준비하고 적절한 타이밍에 합리적인 선택을 했다면 결코 아쉽거나 후회스럽지 않았을 거라 생각할 것이다.

그때에 그랬어야만 했다는 아쉬움은 충분히 이해하고 공감할 수 있다. 하지만 거기에만 매달려 과거에 머무르거나 현재에 불만투성이라면 어떤 발전도 있을 수 없다. 이제는 자신의 선택과 결정에 책임지고 앞으로의 당면 과제를 보다 현명하게 풀어내는 데 집중해야만 한다.

⋮ 자신을 돌아보는 **시간을 가져라** ⋮

이제 정신 차리고 경력관리를 제대로 해봐야겠다고 마음먹었다면 제일 먼저 스스로에게 질문을 던져봐야 한다. 직장인으로서, 경력자로서, 경력을 잘 만들어가기 위해서 던지는 질문이다.

- '나는 지금껏 배우고 성장해왔나?'
- '나는 여전히 무언가를 배우고 성장하고 있나?'
- '나는 이제까지 장벽에 맞서 도전해왔나?'
- '나는 지금도 장벽에 맞서 도전할 수 있는가?'
- '나는 지금 변화를 두려워하지 않는가?'
- '나는 이제까지 회사에서 가치를 창출해왔나?'
- '나는 지금도 회사에 가치를 창출하고 있나?'

부디 이 질문들에 모두 'Yes!'라고 답할 수 있기를 바란다. 만약 그렇지 않다면 이는 지금 있는 그곳에서 더 많이 깨지고 터지고 악착같이 살아남아야 함을 드러내는 단서이다. 경력의 중심에 '나(self)'가 존재하지 않는다면, 존재 가치를 부각시키지 못했다면, 매력적인 인재로 인정받기 어려울뿐더러 제대로 관리되었다고 말하기 어렵다.

이제 직장 몇 년차라는 타이틀에 부합하려면 잠재된 가능성을 내세우기보다 경력자로서 자신이 잘 쌓아올린 경력의 탑을 점검하자. 그

탑의 기초는 탄탄한지, 재료는 좋은 것인지, 풍파를 맞아도 견뎌낼 만했는지 등을 충분히 고려해야 한다. 그래야 개인의 업적으로 남게 되고 더 높고도 튼튼한 탑을 쌓아올릴 수 있다.

단, 당신이 기록한 실적들이 당신 자신만을 위한 것이 아니라 나아가 회사의 득을 가져오는 것이어야만 한다. 당신 스스로 잘나서 그런 경력이 쌓인 것이 아니다. 그 기회를 열어준 것은 분명 당신이 적을 두고 있는 회사이다.

직장인, 직업인으로서 **정체성 찾기**

세상에 아이가 태어나 부모의 보살핌이 있어야만 사람답게 성장한다. 부모와 가정환경으로부터 물려받은 좋은 토양에서 좋은 싹이 자라고 모진 풍파도 잘 이겨낼 수 있다. 하지만 좋은 토양이 아니고 좋은 싹이 아니라고 해서 조금도 개선의 여지가 없는 것은 아니다. 내가 만났던 어떤 내담자는 사회적 관계를 맺는 데 어려움이 있고 인생이 엉망진창 된 것을 부모의 그릇된 양육과 학대 때문이라며 원망했다. 실제로 부모의 양육태도가 개인의 삶에 거대한 영향을 끼친다. 하지만 이미 성인이 되어서 부모로부터 독립하여 자신의 삶을 주체적으로 살아가야 할 충분한 나이임에도 불구하고 남 탓만 하고 있다면 문제가 있다. 자신의 불행을 다른 사람, 특히 가족과 환경 탓을 하면서 더 이상 성장하지 않으려 하는 것도 비겁한 변명이다. 그것을 깨닫게 하고 자신의 삶을 살아내도록 하는 데에는 오랜 시간이 걸렸다.

노력 여하에 따라서 얼마든지 척박한 땅을 뒤집어 비옥하게 만들 수 있고, 더 많은 노력을 통해 잘 자랄 수 있다. 척박한 환경이라 뿌리 내리기 어려운 현실은 충분히 이해하지만 돌을 골라내고 땅을 일구면 씨앗이 뿌리를 내려 싹을 틔우고 열매를 자라게 할 수 있다. 그리고 그간의 노력에 대해, 그로 인한 결실에 대해 감사함 또한 품을 수 있어야 한다. 그제야 비로소 직장인으로서, 직업인으로서 정체성의 기반을 삼을 수 있다.

이미 뚜렷한 비전과 인생목표까지 가지고 있다면 더없이 좋겠지만 직장인 사춘기를 겪고 있는 초보 직장인들에게는 취업 전 가졌던 막연한 비전과 포부가 흔들리고 있을 가능성이 높다. 지금 인생의 일부분을 별 것 아닌 일로 채웠다는 데 자존심 상해하거나 스스로 자기 일을 저평가하는 데 쓰기보다는 발전적 선택이 무엇인지를 고민하는 편이 낫다. 귀에 딱지가 앉도록 들어왔을 '목표를 가져라, 비전을 가져라'라는 말에 동의하는가? 의지를 몇 번이나 다져봤지만 야심찬 계획과 목표라 하더라도 잘 지켜지지 않을 수 있다. 그러니 아직 무르익지 않은 자신에 대해서 성급하게 자책하지 않아도 괜찮다.

⋮ 내 인생을 **주체적으로 살기 위한 몸부림** ⋮

커리어(Career)는 인생의 시작에서부터 죽을 때까지, 인생 전체에 걸쳐 일과 관련한 모든 활동을 의미한다. 고등학교 때는 대학을 가는 것이 목표였고 대학을 졸업하면 취업을 하는 것이 목표였다. 취업까지 모두 이루었는데도 계속 고민하고 결정해야 하는 과정의 연속인 것이다. 우리는 '내 인생의 어엿한 주인'이 되기 위해 경력관리도 해야 하고 내 삶을 주체적으로 살아내기 위해 애써야 한다. 물론 그냥 닥치는 대로 살겠다고 해서 그 인생이 잘못되지는 않는다. 그 또한 선택이니까. 다만 우리는 좀 더 잘 살고 싶다는 열망 아래 보다 현명한 선택을 하고자 한다.

고민이 시작될 때 복잡한 생각과 날뛰는 감정을 다독여라. 정답 없는 질문이지만 무수히 던지고 마음속에 둥실 떠오르는 답을 믿고 따르라. 불완전한 당신, 자신이 아직 부족한 점이 많다는 것을 인정하고 그래도 작게나마 긍정적인 자원과 자질을 가지고 있다고 위로하라. 경력관리는 그렇게 시작된다.

> ➕ **코멘트 톡톡!**
>
> 과거로부터의 나, 현재의 나를 돌아보고 스스로에게 질문하고 답하라.
> 떠오르는 답에 집중하고 선택하라. 경력의 중심에 서서 목표와 방향성을 가져라.

경력관리의 왕도

쉬운 길을 가려 하지 마라

L씨는 대기업 공채지원에 탈락하고 중소기업에 입사했다. 초일류 대기업은 아니더라도 전문성을 키울 수 있으리라는 기대가 있어 입사하여 착실히 일해왔다. 하지만 3년쯤 되니 슬럼프가 온 것인지 일이 손에 잡히지 않는다. 아무래도 마음이 떠난 것 같다는 생각이 든다. 회사 생활에 큰 문제는 없지만, 업무분야의 전문가로서의 비전을 이 회사에서 이룰 수 있을 것 같지 않다. 4년차의 몸값을 고려하여 더 나은

직장으로 옮기고 싶지만 자칫 이직을 잘못해 경력관리에 실패라도 할까 두렵다.

공부에 왕도가 없는 것처럼 경력관리에도 왕도가 없다. 한 직장에서 꾸준히 경력을 쌓는 것도 방법이다. 외국계 물류기업에 재직 중인 S부장은 한창 직장생활에 대한 슬럼프를 겪을 때 이직을 시도하려 했다. 외국계 기업 경력 프리미엄 덕분에 헤드헌터들의 러브콜이 쇄도하여 실제로 면접도 진행하고 구두계약까지 했지만 마지막 순간에 이직을 포기했다. 그리고 지금껏 20여 년째 한 직장에서 근속 중이고 오히려 자부심을 느끼며 일하고 있다. 요즘 같은 시대에 너무 오래 한 직장에 머물면 도태되고 무능력한 사람이 될까 젊은 직장인들은 잘 다니던 직장 안에서 문득문득 불안을 느낀다. 여러 직장에서 스카우트 제의를 받아야 유능하고 매력적인 인재인 것 아닐까 싶어 다른 이들의 경력관리가 궁금하고 괜히 어느 즈음에 이력서를 내고 면접이라도 가볼까 싶다. 그렇게 해서 운이 좋으면 지금보다 나은 직장에 좋은 사람들과 함께 비전을 좇아 일할 수 있겠다. 100퍼센트 만족할 수 있는 일터에서 일하게 된다면 그보다 더 큰 행운이 없을 것만 같다.

경력관리를 하겠다고 마음먹었다면 우선 전문성을 위해서 혼신을 다하는 것이 기본이다. 한 분야의 전문가를 추구하면 자신만의 길을 찾는 눈이 밝아진다. 광고홍보를 전공한 K씨는 소규모 온라인 광고 에이전시에서 첫 직장생활을 시작하였다. 그녀의 비전은 항상 뚜렷한 가치를 창출하며 남다른 길을 가는 것이었다. 차츰 브랜드에 대한 관심을 가지게 되어 입사 2년 후 브랜딩 에이전시로 이직하였고, 현재는 모 기업에서 특정제품 브랜드를 담당하는 브랜드 매니저로 일하는 중이다. 그녀의 확고한 비전이 있었기에 성공적인 이직이 가능했다.

: 이대로 가도 될까? 잘하고 있는 걸까? :

경력 노선을 잡기 위해서 자신이 원하는 것, 잘하는 것, 좋아하는 것을 찾아가는 과정, 직업정보를 충분히 탐색해보고, 직업을 갖기 위해 필요한 자격을 갖추기 위한 과정을 겪었음을 가정해본다. 그리고 마침내 경력의 시발점에서 착실하게 실력을 갖추고 능숙한 전문인이 되기 위한 잰 걸음을 시작했다. 그러다 제동이 걸린다. '어라? 왜 더 나아갈 수가 없지?' 그제야 걸음을 멈추고 반추의 시간을 가져본다.

다시 헤매고 싶지 않다. 여기저기 기웃거리다가 때를 놓치고 싶지도 않다. 누가 대신 길 좀 알려주었으면 하지만, 결국 선택은 자신이 하는 것이다. ==경력관리의 의미는 타인에 의해 선택되어 끌려가는 것이 아니라 자신이 주관하는 것이다. 고민하고 예측하고 시도해보고 나아가는 것이다.==

'연봉이 적어서', '복지가 좋지 않아서', '야근이 많아서' 등이 사유인 성급한 이직은 실패로 이어질 가능성이 높다. 연봉을 높여준다는 제안에 덜컥 이직을 결정한 A씨는 이직 후 첫 월급을 받고 절망했다. 따지고 보니 기본급만 조금 더 올랐을 뿐, 직원에게 주어지던 혜택은 오히려 축소되었던 것이다. 그는 다시 돌이킬 수 없는 길에 들어섰다는 생각에 옮긴 지 얼마 되지도 않았는데 다른 곳을 찾아야 할 것 같다며 발을 동동 굴렀다. 잡 호퍼(Job Hopper : 직업을 자주 바꾸는 사람)가 되어 떠돌고 싶다면 말리지 않겠다만 '중요한 직업적 가치관, 돈'을 추구할 때라도 더 여러 가지를 신중하게 고려해야 함을 깨달아야만 한다.

많은 직장인들은 가장 단순하고 명료한 경력관리로 '더 좋은 기업에 이직하는 것'으로 한정짓고는 한다. 우리가 선택하는 길이 그리 단순하다면 고민하고 갈등하고 방황하며 혼란스러울 이유가 없다. 계속 갈 것이냐, 방향을 틀어 다른 길을 선택할 것이냐. 자신만의 커리어를 갖고 싶은 많은 직장인들의 딜레마는 바로 그것이다. '대체 어디로 가야만 하는가'에 대한 것. 앞서 말했듯 인생에 정해진 이정표는 있지도 않을 뿐더러 그 길이 항상 바른 길일 수도 없다. 다만 자기 자신을 믿는 수밖에 없다. 당신이 발을 떼어 걸어가는 곳마다 당신의 길이 펼쳐진다.

> **코멘트 톡톡!**
>
> 경력관리를 위한 쉬운 길을 기대하지 마라. 가시밭길을 걸어간 사람이 더 큰 성공의 문을 열 수도 있다.
> 남이 만들어 놓은 이정표를 좇는다 하여 당신의 길은 아니다.

이직,
타이밍의 심리학

직장인 사춘기가 **이직 타이밍?**

"슬슬 이직할 때가 된 거 아닐까요? 이직에도 적기가 있다고 하잖아요. 때를 기다리고 있다가 덥석 물어야 한다면서요. 지금이 딱 그 타이밍이죠?"

잘 다니던 회사를 옮기고 싶다고 이야기하는 사람들은 이직하고 싶은 이런저런 이유를 늘어놓는다. 일단 아무리 열심히 해도 기대만큼 급여가 오르지 않는단다. 그 수준은 한계가 있는데 옆 팀의 박 대리가 회사를 옮겨가면서 나보다 연봉을 무려 1천만 원이나 높여 옮겼다는 소리에 속이 뒤틀린다. '이직은 연봉을 올려 받기 위한 절호의 찬스구나'라는 생각이 제일 먼저 스친다. 또 한편으론 내 위의 상사가 버젓이 자리하고 있어서 아무리 세월을 보내도 새로운 공석이 생기지는 않을 것 같으니 이직을 통해 직급을 올리는 게 나을 것 같다. 다른 누구네 회사는 복지가 그렇게 빵빵해서 분기별로 상여금을 200퍼센트나 받고, 교육비가 지원되어 자기 계발도 마음껏 할 수 있다고 한다. 그런데 우리 회사는 아무리 날고 기어도 명절 때 참치캔 선물세트 주는 게 고작이다. 이런 사소한 거에 목숨을 걸 정도는 아니라지만 이런 사소한 것들이 모여서 우리 회사는 한없이 하찮아 보인다. '그래, 딱 경력 3년만 채우면 바로 다른 회사에 이력서를 내는 거야. 보란 듯이 더 좋은 회사에 가서 자존심 팍팍 구겨졌던 것들 다 보상받아야지!' 이런 생각들이 뭉게뭉게 피어올라 결국 온 마음을 지배해버린다.

"그래, 이직하자."

당신이 간과하고 있는 것이 있다. 새로이 적을 두겠다고 옮긴 그곳이 지금 이곳보다 훨씬 더 좋으리라는 보장이 없다. 운 좋게도 좋은 조건으로 스카우트 된다면 일단 그 조건만 믿고 버텨볼 만하겠지만 어느 날 갑자기 굴러온 돌인 당신을 두 팔 벌려 환영하는 사람은 없다.

신입사원으로 첫 출근을 해 부서배치를 받고 한참 동안 어리둥절했던 때보다야 누가 뭐래도 경력자인데 훨씬 적응을 잘할 것은 당연하다. 하지만 기존에 오랫동안 부서에서 일해온 직원들의 미소 뒤에는 경계심으로 뾰족해 있기 마련이다. '능력 있는 새로운 인재'가 와주어서 '어서 오세요. 반갑습니다. 환영해요. 와주셔서 감사해요'라며 반색할 사람이 어디 있으랴. '어디서 굴러먹다 온 대리 나부랭이'로 '어디 한번 해 봐. 당신이 여기로 옮기면서 나보다 연봉을 높게 불렀다지?' 그들의 미소 뒤에는 칼이 숨겨져 있을 것이다. 또 면접을 통해 호감 잔뜩 가지고 좋은 선배이자 멘토로 모시려 한 부서장님의 푸근한 인상만 믿었는데 시간이 지날수록 기대하고 예상했던 그 모습이 아니더라.

 '나는 당신에게 기대가 많습니다. 그대의 비싼 몸값을 치르고 데려왔으니 밥값을 하세요. 하지 못하면 나의 판단능력을 원망하며 당신을 쪼아서 어떻게든 밥값 이상은 뽑아내겠어요.'

 오래지 않아 그의 본심을 알게 되면 엄청난 부담을 안고 이전 회사보다 과도한 업무량에 시달릴 것이다. 이직을 결심하면 되는 줄 알았더니 미래에 대한 불확실성이 발목 잡는다. 선택의 문제는 항상 그렇게 어렵다. 위험부담을 안고 선택할 것이냐 말 것이냐. 이것은 '짜장면이냐 짬뽕이냐'를 선택하는 문제와는 차원이 다르다.

그래서 언제 옮길까?

그렇다 하여 이직하지 말고 천년만년 회사가 가루가 되어 없어질 때까지 말뚝을 박으라는 말은 아니다. 이직에 정답은 없다. 그저 '때가 되어 옮겨도 좋겠다' 하는 마음이 간절해지면 그때가 개인에게는 적기이다. 어떤 이는 '회사를 옮기겠노라'고 노래를 부르고 다닌다. 어떤 이는 정말 친한 동료한테만 '아무래도 옮겨야겠어'라고 말을 먼저 해 버린다. 그리고 상사에게 면담을 신청한다.

"회사를 그만두려 합니다. 잠깐 쉬어야 할 것 같습니다."

한창 바쁠 때 이런 이야기를 전하면 듣는 사람 입장에서는 황당함, 뒤이어 배신감이 들기 마련이다. 당신의 상사는 배신감을 누그러뜨리고 설득하고 회유하려 들 것이다. 신규채용의 어려움, 팀워크의 균열이 예상되어서이다.

'이제까지 열심히 동고동락했는데 무엇이 문제냐, 뭐가 불만이냐, 무엇을 개선해주면 좋겠냐.'

딱히 심지가 굳어져 있지도 않고 당장 옮길 회사가 정해진 것도 아니라면 마지못한 듯 뱉은 말을 주워 담게 된다. 그것이 진짜 당신 마음인가? 자기 마음의 심지도 굳히지 못한다면 자신 있게 자기인생을 살아간다고 말하기에는 한참 부족하다. 오랫동안 적을 두고 터전을 닦고 관계를 만들었던 당신의 직장을 옮기는 것이기에 보다 더 신중해야 한다. 섣불리 말부터 내뱉어서 몸이 따라주지 못하는 과오를 범하지 말자.

정말 이직하고 싶은가?

이에 답이 확고해야만 이직을 준비하기 위한 실행을 할 수 있다. 하지만 마음을 다잡았다 하더라도 신중에 신중을 기해야 한다. 주변의 이야기를 들어보면 귀가 솔깃해진다. '그 친구 이직해서 훨씬 나은 조건 속에서 즐겁게 일하고 있다, 쭉쭉 성공가도를 달린다'는 이야기만 들리니 더 마음이 간절해진다.

하지만 모든 선택에는 어두운 그림자도 있음을 간과할 수 없다. 성급하고 비합리적인 선택을 했다며 우울해하는 옛 동료, 선배라도 만난다면 '그래, 그럴 수도 있구나. 역시 신중해야겠어'라며 마음을 다잡게 될 것이다. 좀 더 현명한 의사결정을 하기 위해서는 목적을 찾아야 한다. 이직을 했을 때 내가 얻고자 하는 것은 무엇인가? 연봉, 복리후생, 집에서 가까운 근무지 등은 외적인 조건이다. 이러한 조건들이 충족되기를 바라는가? 아니면 어렵고 복잡하게 꼬인 대인관계를 벗어나고 싶은지, 적성에 맞는 일을 찾고 싶은지, 일중심의 생활에서 벗어나 삶의 질을 얻고 싶은지, 무엇을 위한 이직인지를 명확히 하자. 이때 수없이 스스로에게 던지는 질문들 사이에서 무게중심이 기우는 쪽으로 마음을 주어야 한다. 팽팽하게 50 대 50의 중심만 잡고 앉아서는 결정 유보만 하고 있을 뿐, 진척될 것이 없기 때문이다. 이직의 목적이 확고해졌다면 다음 단계의 질문에 답해야 한다.

⋮ 이직해도 될 만한 수준의 **역량을 갖추었는가?** ⋮

당신은 스스로 넘치는 인재라고 과신할지 모르지만 결국 직장인은 숫자와 데이터로 버무려진 실적으로 평가될 뿐이다. 당신이 참여했던 프로젝트, 수행했던 업무들의 족적들이 제대로 기록되고 보관되어 있어 평가자의 눈에 썩 괜찮은 성과와 실적으로 판단될 수 있다면 일단 한숨 내려놓아도 된다. 이 때 커리어 컨설턴트는 일반적으로 숫자 3의 마법을 거론하고는 한다. 서당 개 3년이면 풍월을 읊고 식당집 개 3년이면 라면을 끓이고 카이스트 개 3년이면 상대성이론을 설명한다는 우스갯소리가 떠오른다. '한 직장에서 3년 정도 근무했으면 일다운 일은 해봤겠지, 개념 정도는 챙겼겠지'라며 예측하는 것이다.

경험은 최적의 무기다. 초보 딱지 떼고 실무를 경험해본 바, 여러 번의 시행착오 끝에 실수를 줄여가고 이제 혼자서도 잘할 수 있다는 자신감도 붙었을 만하다는 기준을 근무기간 3년 정도로 잡아보는 것이다. 이미 이직을 하기로 마음먹은 당신의 이력서와 경력기술서 위에는 튼튼한 골조를 바탕에 두고 내실 있는 집 한 채가 지어져 있어야만 한다. 여기에서 튼튼한 골조란 당신의 바른 인성과 태도, 내실 있는 집이란 체계적으로 쌓아올린 업무실적을 바탕으로 한 개인의 업적을 의미한다.

만약 아직 스스로도 덜 여물었다고 판단되는 사람이라면 어떻게 할까? 간혹 이런 이야기로 고민을 토로하는 직장인들을 만난다.

"상사가 일을 주지 않아서 3년 동안 제대로 된 일을 해본 적이 없는 걸요. 그걸 못 견뎌서 나가려는 건데요."

이런 경우는 쉽게 답을 찾기 어렵다. 서류상 어떻게든 포장은 해보겠지만 결국 몇 마디 나누고 사람 좀 볼 줄 아는 면접관이라면 '도대체 뭘 했다는 건가, 포장은 그럴싸하지만 알맹이는 초라하네. 이런 사람에게 굳이 기회를 주어야만 할까'라는 생각이 들기 마련이다. 그러면 아무리 이직을 결심하고 목적이 굳어졌어도 이직 성공률은 패배감이 들 정도로 낮아지게 된다. 냉정하게 타인의 눈으로 자신을 볼 줄 알아야 한다. 무슨 연유로 선배와 상사가 일을 주지 않았나, 일을 못해서? 제대로 된 일이라고 스스로 생각하지 않은 것은 아닌가? 작은 일은 하찮게 여기고 더 큰 것만 기대한 것은 아닌가? 아직은 때가 아닌 것일 수도 있다.

> **코멘트 톡톡!**
> 경력관리의 나이스한 타이밍은 현재의 회사에서 목표치보다 더 나은 성과를 달성하고 '잘한다! 잘한다! 잘한다!'라는 소리를 한창 들을 때이다.

오늘. 나.
커리어. 성공적

경쟁력 있는 사람은 적극적으로 구직한다

얼마 전 채용박람회에서 경력관리 컨설팅을 진행했다. 취업이 어찌나 어려운지 정말 많은 인파가 박람회에 몰렸다. 관심 있는 기업이 있든 없든 간에 그 답답한 마음이라도 해소될까 싶어서 멀리서부터 찾아온 무수한 인파들 속에 부스 하나에 앉아서 구직자들을 맞이했다.

구직자들에게는 공통점이 있었다. 경력이 짧든, 길든 간에 그들은 소극적인 구직활동 중이었다. 이력서를 넣었는데 연락이 없었다고 한다. 면접을 보았는데 대부분 비슷한 반응과 공통적인 질문을 받고 소신껏 답했다고 했다. 하지만 합격통보는 오지 않았다. 기업이야 많지만 정작 갈 곳이 마땅치 않다고 했다.

컨설팅 중 첫 질문은 '당신에게 어떤 경쟁력이 있는가'였다. 이 질문에 구직자의 얼굴에 번지는 그 당혹스러움을 재빨리 읽어낼 수 있었다. 구직자들은 자신이 배울 만큼 배웠고 경력이 없는 것도 아니고 분명 스스로 괜찮은 사람이라고 생각하는 '긍정적 착각'을 하고 있었다. 그렇게 하지 않으면 자신감을 가장할 수가 없어서일지도 모른다.

입장 바꿔놓고 생각해보자. 채용담당자는 당신보다 우위에 놓여 있다. 비슷비슷한 상품들이 널려있다면 하자가 없고 같은 값이면 좀 더 폼 나는 상품을 선택하고 싶어 한다. 당신이 경쟁력 있는 상품이라면 반드시 채용담당자의 눈길을 사로잡을 수 있었어야 한다. 하지만 그 어떤 것으로도 자신의 경쟁력을 설명할 수 없다면 혹은 경쟁력이 아예 없다면, 당신이 취업하겠다고 시장에 나섰을 때 고객이 눈길조차 주지 않아서 이월상품이 되고 재고, 덤핑 처분이 되지 않으리라 그 누가 장담할 수 있을까.

두 번째 질문은 '현실을 수용했는가'에 대한 것이다. 한 여성은 나이가 서른이다. 경력도 짧지 않다. 다른 일로 전직을 하고 싶은데 어떻게 해야 할지 모르겠단다. 새로운 도전으로 과감히 워킹 홀리데이 비자를 받아서 1년간 외국생활도 했고 영어도 중급 수준이라 했다. 그러나 면접을 보아도 계속 채용이 되지 않았다. 정말 인정하고 싶지 않지만 여자 나이 서른에 뭔가 새로운 일을 하려니 이제까지 쌓아왔던 경력, 능력, 실력 다 무용지물이 되더라고 속상해했다.

전직의 의미가 그렇다. 이전에 충분히 같은 업무를 해서 실전에 바로 투입해 그 이상의 성과가 나오길 기대하는 이직과는 또 다른 개념이 적용된다. 지금껏 해왔던 일과 전혀 다른 직종을 시도하는 구직자는 회사에 다녀봤다 뿐이지, 직종을 옮겨서 잘할 것이라고 여겨지지는 않는다. 그런 구직자를 뽑는 채용담당자를 찾기는 어렵다.

그녀가 계속 실패하는 이유는 현실을 수용하지 못하고 있기 때문이다. 전환하려는 직종에 대한 개념 이해도 없고 교육을 받아본 적도 없으면서 근로조건은 이전보다 나아야 한다고 생각하고 있었다. 어디든 일을 시켜주는 곳만 있으면 충분히 적응할 것이고 또 잘 해낼 것이라는 배짱만 있었다. 현실감 없이 도전하려면 결국 될 때까지 부딪치는 수밖에 없다. 실패를 계속하다보면 현실감이 생길 수도 있다.

세 번째 질문은 '현재 시장 환경에 대해 알고 있는가'이다. 한 남성이 찾아왔다. 이전 직장에서 해외지사장까지 지낸 경력이 있다. 40대의 중년이다. 창업을 준비하다가 현실이 녹록치 않았다고 한다. 1년간의 경력공백을 딛고 다시 기업 문을 두드리고 있다고 한다. 한 곳에서 오랫동안 근무한 경력이 있었지만 시장에서는 그의 넘치고 오랜 경력이 큰 메리트가 없었다.

왜? 근속 연수만 보더라도 성실성, 인정한다. 그 분야의 전문가임도 인정한다. 하지만 타 업종의 타 기업에서는 역시 이런저런 위험부담이 있을 수 있다. "○○님, 혹시 재직하셨던 업종에서의 관련 기업리스트는 알고 계십니까?"라고 물으니, 그는 잘 모른다고 대답했다. 분명 그는 자신이 속했던 업계에 대한 이해가 깊고 그가 몸담았던 직무 분야에서 베테랑일 것이다. 그렇다면 자연스러운 진로의 방향은 관련 분야가 되어야 한다. 그가 원하는 것도 자신의 경력을 이어나갔으면 하는 것이었다. 하지만 급격히 변해버린 시장 환경에 둔감하고 정보가 차단되어 있으니 중년의 나이에 소속감 없이 막막하고 자존감도 바닥을 쳐 외로운 싸움을 홀로 하고 있는 격이었다.

지금까지와 달리 새로운 돌파구를 찾아야 할 때, 그 중심에는 당신 자신이 있다. 이제까지 당신의 경력은 하찮지 않다. 변화에 대한 두려움, 실패에 대한 불안, 안주하려는 퇴행을 딛고 다시 시도해야 한다. 그제야 비로소 당신의 커리어는 성공적으로 완성되어 간다.

> **코멘트 톡톡!**
> 채용담당자의 입장에서 생각해보자. 채용담당자의 눈길을 사로잡을 수 있는 자신만의 경쟁력을 쌓고, 이를 설명할 수 있어야 한다.

CHAPTER 02

직장인 사춘기의 승부수, 퍼스널 브랜딩

당신의 가치를 차별화하라

: 이 일은 내가 **하고 싶은 일이 아닌데** :

중견 식품업체 사원 L씨는 입사하면서 원치 않는 부서에 배치되었다. 영업직이었다. 애초에 기획업무를 희망하였는데 전혀 다른 일이었다. 그래봤자 신입사원이니 반발도 하지 못하고 일단 배치된 부서로 출근을 시작했다. 선배와 상사의 넘치는 의욕, 그리고 매출에 대한 압박이 강한 부서의 분위기는 좀처럼 적응이 되지 않았다. 그들의 눈부신 성과가 흥미롭기는 했지만 역시 맞지 않는 옷인 양 불편했다.

이미 쟁쟁한 영업통들이 기업의 선봉장에 서 있었다. 그들 사이에서 어떻게든 적응하고 성과를 내야만 했다. 영업은 원하던 일도 아니고 제일 자신 없는 일이었다. 상사와 독대하여 의논을 나눠보기도 했지만 당장 부서이동은 가능하지 않았다. 자신이 어떤 것을 할 수 있을지 방법을 모색하는 수밖에 없었다.

: 가장 잘할 수 있는 걸 **해내다** :

영업은 못하지만 시장 흐름과 업계 동향을 파악하는 일은 잘할 수 있었다. 자료조사와 분석하는 일, 깔끔하게 프레젠테이션 준비하고 대안까지 마련하는 일은 자신 있었다. 그는 차년도 팀 매출전략 제안을 선배와 동기들보다 독보적으로 잘해냈다. 그리고 영업직으로 꼬박 3년을 일하고 사업전략부서로 옮겨갔다. 3년간 영업현장에서 일한 경험이 굉장히 도움이 되었다고 한다. 그는 물 만난 고기처럼 진짜 일을 하며 눈부시게 성장하고 있다.

한 부서 안에, 한 직장 안에, 한 업종 안에 당신은 수많은 직장인 중 한 명일 뿐이다. 고작 입사 몇 년차라는 타이틀로 대단한 성취를 해낼 거라 기대되지 않을 뿐더러, 성급하게 욕심만 부렸다가는 불편한 마음만 커진다. 어차피 당신이 아직까지는 직장인으로 경력관리를 해야 하고, 언젠가 내 사업을 하게 될 때를 준비해야 한다면 그저 평범한 직장인, 월급쟁이에서 벗어날 필요가 있다.

: 독보적, 남다름, 뛰어남, 유일함, **나만의 것** :

우선 현실을 똑바로 보아야 한다. 당신이 어떤 위치에 있고 무엇을 바라고 무엇을 하고자 하는지 조목조목 따져보아야 한다. 앞서 인생의 목적과 방향, 비전을 가져야 경력관리가 가능하다고 이야기했는데 이제 자신의 길에 색깔을 입히고 누가 보아도 'OOO의 길'이구나 알아볼 수 있도록 작업을 해나가야 한다.

 자신만의 무엇을 이야기하려면 브랜드에 대해서 이야기해야 한다. 브랜드는 고대에 소를 구별하고 잃어버리지 않으려고 불에 달군 인두로 찍었던 행위에서 유래한 말이다. 이어 브랜드란 말은 20세기부터 시장경쟁에서 중요한 마케팅 수단으로 사용되기 시작하였고 '개인이 시장을 통해 제공하려고 하는 제품이나 서비스를 특화시키기 위해 만든 것'을 의미하게 되었다. 이제는 상품에 적용되는 것에서 나아가 지역, 나라, 개인에게도 브랜드가 붙어 눈에 보이지 않아도 강력한 파워, 그리고 가치를 가지게 되었다. 특히 개인에 대해서는 개인의 차별화된 무엇, 퍼스널 브랜딩이라 하여 경력관리를 위한 필수불가결의 요소라 일컬어진다. 퍼스널 브랜딩을 자신이 어떤 사람으로 인지되는가에 대한 강력한 자리매김이라 여기고 '나를 어떻게 브랜딩할 것인지'

지금부터 연구하고 남보다 먼저 선점할 필요가 있다.

물론 '자, 지금부터 찾아보는 거야'라고 해서 쉽게 찾아지는 것은 아니다. 직장인인 당신은 무엇으로 설명되는가? 총무담당자, 영업담당자, 마케팅담당자, 생산관리담당자, 개발자 등의 직무로 설명되는 직장인들에게 '나'는 어디 있나. 나를 설명할 무엇이 없어서 막막하다면 '직무 속에 숨어 있는 나를 찾는 일'부터 먼저 해야 한다. 지금 하고 있는 일을 쪼개서 찬찬히 들여다보면 내가 싫어하는 일, 내가 좋아하는 일, 특별히 신나는 일, 관심 있는 일, 재미를 느끼는 일, 짜증나서 최대한 미루고 싶은 일들이 뒤엉켜 있다. 그 중에 관심사를 선택하고, 집중적으로 꾸준히 노력하는 과정을 통해서 브랜딩은 가능해진다. 그저 월급쟁이에 무슨 일을 하는 누구로 설명되는 것이 아니라 '분야의 전문성을 살려 성장하는 1인 경영인'이 될 수 있다. 만약 그러한 시도와 노력을 하는 사람이라면 '이직? 경력관리?' 따로 떼어놓고 보지 않아도 자연스럽게 기회가 찾아온다.

당신은 철저히 생존만을 위해서 경력관리를 하겠다는 마음은 아닐 것이다. 생존을 넘어서 퍼스널 브랜딩으로 직장인 사춘기의 승부수를 던져라. 문화예술계, 스포츠계의 스타들은 일반인인 우리가 상상하는 이상의 가치를 창출한다고 한다. 연예인 한 명이 기업의 1년 매출을 넘어선다는 데 입이 떡 벌어진다. 그렇다면 당신의 가치는 얼마나 될까? 지금 받고 있는 연봉 수준, 딱 그만큼? 현재 소속한 직장, 그리고 연봉에 불만을 가지고 있다면 우선 자신을 되돌아봐야 한다. 당신이 퍼스널 브랜딩을 위해 투자하는 시간이 미래에 벌어들일 가치를 결정할 것이다.

 코멘트 톡톡!

"당신이 당신일 수 있게 만드는 것들이 당신에게 성공을 가져다준다."

- 윌리엄 아루다

이대로는 적신호, 자기 혁신하라

바꿔야 변한다

일이 익숙해지고 잘한다는 소리를 들으면 누군가는 더 잘하기 위해 노력하고 누군가는 이 정도면 되었다며 만족한다. 예상했겠지만 더 잘하기 위해 노력하는 사람이 후자보다 더 앞서 나간다. 물론 어느 정도 수준에서 만족하면 마음은 평화롭고 행복해진다. 하지만 더 이상의 발전은 없다. 경력관리의 개념은 경력개발과 맞물려 있어 현재보다 더 나은 상태를 모색하고, 지속적인 자기 계발을 할 것을 요구한다.

변하려면 의식부터 바꿔야 한다. 마음에서 우러나오는 동기, 자발적 동기에 의한 적극적 태도, 열정에서 비롯된 행동, 지속적인 행동을 통한 바른 습관, 긍정적 습관에서 우러나오는 인품 등 자기 혁신의 과정은 단번에 이루어지는 것이 아니다. 배우고 고쳐나가야 결국 변화를 이룰 수 있다.

자기 혁신을 위한 네 가지 방법

변화도 쉽지 않은데 혁신까지 요구하니 지레 겁을 먹고 포기하고 싶은가? 자기 혁신을 위해서 다음의 방법을 제안하고자 한다.

① 가지치기

직장생활 5년차, 교육 프로젝트를 총괄 운영할 때였다. 교육 대상자들에게 강의와 컨설팅만 진행하던 실무자가 프로젝트를 관장하고 운영해야 하는 업무까지 맡게 되니 정신이 없었다. 일을 아무리 쳐내도 계속 일은 덧대어지고 쌓여서 늦은 퇴근은 일상이고 퇴근하면 방전되어 뻗어 잠드는 삶이 반복되었다. 입에 힘들다는 소리를 습관처럼 달고 사니 주변에서는 '그렇게 힘들면 회사 그만둬'라는 무모한 조언을 해댔다. 실제로 그만두고 싶어서 그런 것이 아닌데 극단적으로 '그럴 거면 그만둬'라고들 하니 의아했다. 그리고 문득 생각하길 혹시

'내가 힘들다'고 이야기함으로써 다른 사람의 관심을 끌려 한 것은 아닐까 싶었다. 그저 다른 사람에게 위로받으려 한 행동인데 위로받지 못한다면 결국 내가 해결해야 할 문제였다. 그래서 혼자 끌어안고 하던 일을 펼쳐놓았다. 펼쳐놓고 보니 어떤 일은 후배에게, 어떤 일은 다른 팀에 위임, 혹은 부탁해도 될 일이었다. 고객의 무리한 요구에 '이 부분은 어려울 것 같고 이 점은 수용할 수 있겠습니다'라며 협상해도 되는 일이었다. 모든 일을 끌어안으려 하지 않아도 되었다. 군더더기의 불필요한 일은 과감하게 가지치기를 할 줄 알아야 자기 일에 더 집중할 수 있다. 당신이 끌어안고 떠안고 있는 일을 잘 펼쳐놓고 구분해보라. 쓸데없이 자라고 있는 가지들은 과감히 잘라내야 뿌리는 깊어지고 둥치는 단단하게 자랄 수 있다.

② 공유하기

직장생활에서 열정적으로 일을 할 수 있었던 것은 '강력한 성장욕구' 때문이었다. 그리고 주변을 둘러보니 나 혼자만 그런 '성장욕구'를 가진 것은 아니었다. 함께 머리를 맞대고 어떻게 하면 더 일을 잘할 수 있을까 고민하며 스터디 조직을 만들었을 때, 일은 더 흥미로워졌다. 국내 대형 IT기업 중 한 곳은 이러한 자조적인 모임을 공식화하여 회사 내 100여개의 스터디 조직을 운영하고 이에 대한 전폭적인 지원을 했다. 그 결과, 업무 효율성이 늘어나고 높은 성과를 내게 되었다.

보통은 남보다 앞서기 위한 독보적인 경쟁력을 찾으라 한다. 하지만 이제는 그런 시대를 넘어섰다고 생각한다. 이미 세상에 설파된 정보들은 어디에서든 찾아볼 수 있고 너도나도 알 수 있는 것이다. 다만 그것을 아는 데서 그치는 것이 아니라 함께 나누고 공유할 때 이제 그 가치는 더 빛을 발할 수 있다.

만약 지금 하고 있는 일에 제동이 걸린 것 같다면 혼자 고민할 것이 아니라 내가 아는 것을 내어놓고 다른 사람과 나누어 일의 가치를 한 차원 올려보라. 새로운 세상에 눈뜰 수 있을 것이다.

③ 다지기

심리학자이자 의과대학 신경과 교수인 하워드 가드너는 다중지능 이론을 통해 인간의 지능은 언어, 음악, 논리수학, 공간, 신체운동, 인간친화, 자기성찰, 자연친화라는 8개 지능과 추가적으로 1/2개의 종교적 실존지능으로 이루어져 있다고 주장한다. 그리고 이 중 가장 잘 할 수 있는 영역을 핵심역량으로 꼽아 전문화하고 차별화하라 한다. 그렇게 하면 해당 분야에서 독보적으로 성공할 수 있다는 것이다.

진로결정을 할 때 이러한 타고난 지능과 적성을 참고했다고 말할 사람이 몇이나 될까. 그러나 각 분야에서 소위 성공했다고 말하는 이들은 우연이지만 자신이 몸담고 있는 분야에서 자신의 다중지능을 잘 활용했다는 결과를 확인할 수 있다.

변화가 필요하다면 지금까지 이뤄놓은 것에 덧대어 다져나가야 한다. 자신의 전문분야를 일구어 나가기 위한 학습은 필수다. 그간 관심 있었고 지금보다 잘해내고 싶은 분야의 키워드를 선택한다. 마케팅, 회계, HR, 엔지니어링, 영업, IT, 서비스, 출판, 영업 등 직업이나 직무와 관련하여 자료를 수집한다. 강연을 듣고 전문서적을 섭렵하고 숙독한다. 그리고 자신의 문장으로 정리한다. 누가 시켜서가 아니라 스스로 묵묵히 다져가는 시간 동안 월등히 높은 수준으로 거듭나 있을 것이다.

④ 시도하기

많은 사람들이 가슴과 머리가 시키는 일을 앞에 두고 주저하고는 한다. 이는 실패에 대한 두려움이 있기 때문이다. 변화를 위해 이루고 싶은 목표가 있다면 이를 어떻게 달성할 것인지 계획하고 계획을 행동으로 옮겨야 한다. 행동을 유보하려 할 때마다 '지금이 아니면 안 된다'며 깨어 있는 정신력으로 몸에게 '움직이라'고 명령해야 한다. 작은 시도로 실패할 수 있지만 고작 한 발 내딛는 실패는 아주 소소한 실패이므로 한 발 후퇴, 두 발 전진을 반복하며 천천히 나아가는 은근과 끈기의 열정을 발휘해야 한다.

> **코멘트 톡톡!**
> 오늘 하루에 대해 부채감을 품은 채 잠들고 싶지 않다면 매일매일 오늘 하루의 의미를 되새김질해봐야 한다. 그렇게 하루하루가 쌓여 목표를 달성하다보면 변화를 이룰 수 있다.

널리 알려질수록 가치 있다

: 성공의 맥락에 **사람이 있다** :

미국 카네기 공과대학 졸업생 중 성공한 사람들 1만 명을 추적해 성공 비결을 조사했다. 그들은 "전문지식이나 기술은 성공하는 데 15퍼센트의 영향밖에 주지 않았다. 나머지 85퍼센트는 좋은 인간관계에 있었다"라고 말했다.

성공의 맥락에는 반드시 사람이 있다. 개인의 네트워킹에 따라 성공여부가 갈린다고 한다. 그래서 더 좋은 관계를 맺기 위해 어떻게든 인맥을 쌓겠다며 모임에 나가고 분야의 지인을 만들고자 명함도 고이 받아둔다. 경력이 쌓이는 동안 명함은 차곡차곡 모이지만 그 명함들을 활용해서 내 것으로 만들지 못하면 그 뿐이다. 아무리 뛰어난 사람도 주변에 사람이 없다면 성공할 수 없다. 주변 사람들로부터 어떤 지지와 응원을 받을 수 있느냐에 따라서 당신의 삶이 달라진다. 아는 사람이 많은 것은 중요하지 않다. 중요한 것은 관계의 질이다.

퍼스널 브랜딩을 이야기하던 중에 왜 갑자기 관계, 네트워킹을 이야기하는지 의문이 들 것이다. 마케팅에서의 브랜딩은 소비자의 마음 속에 어떤 이미지로 자리 잡는 것을 의미한다. 따라서 퍼스널 브랜딩 역시 우리가 맺고 있는 인간관계 안에서 그들에게 어떤 인상을 심어 주는가에 달려 있다.

인적 네트워킹은 당신에게 강력한 무기다. 하나의 시장에 몸담고 있게 되면 보다 다양한 사람들과의 관계를 맺게 되고 이를 통해 자신의 한계를 넘어서 영역을 넓힐 수 있는 계기가 된다. 지인들에게 무턱대고 '나 일자리 좀 알아봐 달라'고 한다면 당연히 부담이다. 현재 이직을 준비하고 이러이러한 일을 하려 한다는 뚜렷한 관심과 목표에 대해 넌지시 언질만 주면 그간 탄탄하게 만들어놓은 네트워킹의 진가를 발휘하게 된다. 그들이 당신의 일에 대한 열정과 신념에 깊은 신뢰를 가지고 동의한다는 가정하에 말이다.

당신은 **어떤 분야의 사람인가**

브랜드를 형성하기 위해 처음에는 열심히 자기홍보를 해야 한다. SNS가 일상 속에 깊이 침투했으니 좋은 도구로 활용될 수 있다. 간혹 과한 과시형 자기홍보로 일상을 SNS에 기록하고 공감대 형성에 열을 올리고 편향된 주장을 하거나 그릇된 정보를 퍼 나르는 부작용도 있지만 어쨌든 SNS가 효과적인 도구임에는 틀림없다. 이것만으로도 새로운 가치를 창출할 수 있기 때문이다.

비즈니스 인적 네트워크는 인간적 접촉에 의존하는 경향이 있다. 때문에 자주 접촉하고 눈에 띄어 주어야 한다. 습득한 정보가 있으면 사람들에게 정보를 제공하여 나누고 전문가 모임에서 활동하며 친목을 도모하는 것도 좋다. 자기 어필 시대라 하여 자기 업적을 떠벌리는 데 집중하면 오히려 사람들은 외면한다. 어느 정도는 겸손의 미덕이 필요하다.

🧰 코멘트 톡톡!

> 성공은 당신이 아는 지식 덕분이 아니라 당신이 아는 사람들과 그들에게 비춰진 당신의 이미지를 통해 찾아온다고 한다. 브랜드를 홍보할 방법은 널려 있다. 자신에게 적합한 방법을 하나 선택해라. 그리고 자주 노출시켜라. 그들이 당신을 인식할 때까지 멈추지 마라.

평판조회의 시대, 평판을 지켜라

⋮ 끝날 때까지 **끝난 것이 아니다** ⋮

몇 년 전, 전 직장동료가 전화를 걸어 "예전에 S씨 아시죠? 그 사람 어때요?"라며 대뜸 물어왔다. 내가 직접 채용하여 6개월 정도 함께 일했던 직원에 대한 평판을 물어온 것이었다. '무엇이 궁금한 거냐'라고 좀 구체적으로 묻자 '아무거나, 어떤 정보라도' 달라고 요구해왔다. 나는 "일해보시면 알 거예요. 아주, 조금 느려요"라고 대답했다. 그에 대한 긍정도 부정도 하지 못했다. 그는 사람은 좋으나 업무 습득력이 느렸고 퇴사 전 우유부단했던 모습이 내 머릿속에 각인되어 있었다. 전화를 걸어왔던 나의 옛 동료는 "아, 그렇군요. 잘 알겠어요"라며 더 이상 말하지 않아도 알겠다는 듯 전화를 끊었다.

평판조회라는 것이 헤드헌팅 업체를 통해 수백만 원의 비용을 들여 신원보증인을 고르고 그들로 하여금 채용예정자가 함께 일하고 싶은 인물인지 아닌지를 평가하는 것만을 의미하는 것은 아니다. 그저 업계에 믿을 만한 인맥을 동원해서라도 충분히 평판을 물을 수 있다. 이력서로 나타난 경력과 이력, 면접장에서 보여주는 포장된 이미지만으로 내면까지 다 파악하기는 어렵기 때문에 주변인들의 평가가 한몫하게 된다.

'다시 함께 일할 만한 사람인가?'라는 질문에 답하기를 주저하게 된다면 당신의 가치는 이미 저평가된 것이라 보아도 무방하다. 평판은 '객관적인 기준이 마련되어 있어서 이러이러한 과정 때문에 이렇다'는 분별 있는 결론을 내리기는 어렵다. 그저 '주관적인 판단에 의한 전반적인 인상'이 평판을 좌우한다. 평판은 주로 업무능력과 대인관계, 인품으로 좌우된다.

사람은 최신효과에 따라 마지막 모습을 더 잘 기억한다. 이제까지 잘해왔다 하더라도 퇴사 전에 근무태도가 나쁘거나, 책임감이 없거나, 인수인계를 잘하지 않은 사람에 대한 인상은 좋을 리 없다. 때문에 항상 긴장을 늦추지 않고 좋은 이미지를 만들기 위해 노력해야 한다. '끝날 때까지 끝난 것이 아니다'라는 말은 평판에도 적용된다. 퇴사 전

다른 사람과의 관계를 좋게 마무리해서 지속적인 자신의 네트워킹으로 활용하는 편이 좋다.

∶ SNS 평판주의보 ∶

SNS를 활용한 평판은 보다 더 주의하도록 하자. SNS에 글을 올리다 보면 사소한 실수 혹은 극단적이고 편향된 의견 등으로 얼마든지 판단될 수 있다. 모 기업에서는 채용예정자의 SNS를 확인하고 과거에 올렸던 기록에 대해 수용하지 못해 채용을 취소하는 사례도 있었다. 마케팅이나 홍보를 위해 활용할 수 있는 좋은 도구라고 하더라도 매우 신중하게 활용해야 함을 단적으로 보여주었다.

> **코멘트 톡톡!**
> 당신의 족적은 오랫동안 남는다. 현 직장에서의 당신의 평판은 다음 직장, 그 다음 직장에도 영향력을 행사한다.

CHAPTER 03

성공적인 변화의 기술

변화는 두렵지만
도전은 신선하다

: 새로운 변화에 대한 두 가지 마음 :

현재의 직장에 대한 불만이 있으면서 당장 실행에 옮기지 않는 이들에게는 두 가지의 마음이 자리하고 있다. 당면한 현실이 지긋지긋하고 못마땅해서 떠나고 싶은 마음이 굴뚝같다. 그러면서도 한편에서는 변화 자체가 두렵다. 참 아이러니하다. 두 마음의 공존, 아슬아슬한 양팔저울 사이에 무게가 어느 쪽으로 기우느냐에 따라 변화를 맞이하거나 혹은 변화를 거부하게 되어 있다.

파격 변신에는 **리스크가 따른다**

환경컨설팅 회사에서 일하고 있는 P대리는 이직을 해야겠다고 마음먹은 지 벌써 2년째 접어들었다. 업계의 특성상 앞으로 비전 있는 직종으로 거론되어 왔고, 교수추천으로 전공을 살려 입사한 회사였다. 하지만 같은 과 동기들은 중견/대기업에 입사하였고 뭔가 클래스가 다르다는 느낌을 받은 후로는 대리 직급만 달면 이직하리라 마음먹었다. 경력자로 이직을 해도 될 시점에 이르렀지만 같은 업종 내에서의 이직은 제한적이었고 제시되는 연봉 수준도 예상만큼 파격적인 대우도 아니었다. 일이 익숙해진 만큼 척하면 척하고 알아서 할 수 있게 되었으니 다행이기는 하지만 가슴 뛰는 열정이 일어나지 않으니 철마다 마음이 들썩인다. 마음을 잡지 못하니 일에도 집중할 수가 없다.

우리는 파격적인 혁신만이 열정을 다시 불러일으킬 거라 생각하는데 실제로 그렇지 않다. 파격적인 변신에는 리스크가 따른다. 리스크를 감수하려면 그에 따른 고통을 감수해야 한다. 부적응으로 인한 좌절, 자존감 저하, 실패에 대한 두려움을 극복해야 한다. 중도포기하고 싶은 마음도 잘 단속해야 한다. 심기일전하여 조금씩 열정을 되살리자. 마음가짐을 바꾸고 행동을 개선하면 얼마든지 변화는 일어난다.

> 🧰 **코멘트 톡톡!**
>
> 변화하기로 마음먹었다면, 변화에 따른 위험은 감수해야 한다.
> 삶의 작은 변화가 결국 거대한 변화를 만들어낼 것이다.

당신에게
최적인 회사

: 직무역량도 돈으로 사는 시대 :

취업준비생들을 만나보면 대부분 '대기업은 연봉 많이 주고 사람들이 알아주는 회사', '외국계기업은 자유로운 조직문화에 칼퇴를 허한 회사', '공기업은 철밥통', '벤처기업은 성장가능성은 높으나 불안정한 회사', '중견기업은 아쉬우니 선택하지만 대기업으로 이직하기 위한 경력 발판의 회사', '중소기업은 공채 탈락하면 백수로 지내지 않기 위한 최후의 보루'로 인식하고 있다. 물론 이러한 보통의 시각에서 벗어나서 뚜렷한 주관을 가지고 직업과 직장을 선택하는 바람직한 취업준비생도 있다.

취업준비생들은 자신의 주관에 따라 '좋은 회사'에 입사하기 위해 고3때보다 많은 시간을 투자하여 스펙을 쌓는다. 이제 스펙으로 우열을 가르던 시대는 지나고 직무역량을 바탕에 두고 평가하겠다는데 취업준비생 입장에서는 더 혼란스럽다. 말이 스펙 타파지, 더 많은 역량을 선보이기 위해 경험도 돈으로 사는 시대에 이르렀기 때문이다. 열정페이라는 말 참 잘 지었다. 경험을 기회로 제공하고 떳떳한 사회인이 되기 위한 열정을 헐값에 사들이다니 말이다. 분명 과거에도 없었던 것은 아니다. 도제식으로 무보수로 오랫동안 수련의 기간을 거쳐야 일다운 일을 시작할 수 있었던 시절도 있었다. 하지만 이를 꼼수로 활용하는 기업들 때문에 논란이 생기는 것이다.

: 지금 회사보다 더 좋은 회사는 어딜까 :

취업준비생들은 저마다 좋은 회사를 찾으려 한다. 좋은 회사의 기준은 우선 돈, 그리고 사회적 인지도에 기반을 두는 경우가 많다. 누구나 한번쯤 들어봤음직한 회사는 좋은 회사, 들어보지 못한 회사는 그냥 회사, 연봉과 복지수준이 높으면 좋은 회사, 연봉이 작고 회사 규모가 작아 불안정하면 나쁜 회사라 생각한다. 대규모의 채용을 진행하고 경쟁이 치열할수록 좋은 회사로 보이는 모양이다. 취업준비생들은 취업의 키를 찾아 취업학원에서 과외를 받고 유명강사들의 특강을 듣고 단기간 내에 영어점수를 취득하기 위해 방학을 쓴다. 취업을 위해 막대한 시간과 돈을 쓰는 것도 일종의 투자다. 분명 그들이 바라는 회사에 입사만 하면 다 보상이 될 줄 안다. 돈, 그리고 명예로운 지위도 자연스럽게 얻게 된다고 믿는다. 그런 과정을 거쳐 입사에 성공한 당신은 왜 행복하지 않은가? 돈과 명예를 보장해주지 않는 회사에 다니기 때문인가? 당신의 회사는 나쁜 회사인가? 어떻게든 더 좋은 회사를 찾아 다시 시작해야 하는가?

원하는 직장에 대해 기대하는 바를 적어보고 '음, 그래, 이 정도는 타협할 수 있어' 하는 영역이 있는지 살펴보자. 그런 부분이 없다면, 어떤 회사를 가더라도 만족하지 못하고 또 다른 회사를 찾아 철새처럼 떠돌지도 모른다. 경력관리를 제대로 하고 싶다면, 부디 '이 회사가 너무 싫다. 그래서 다른 회사에 가고 싶다'라는 마음에서 시작하지 않아야 한다. 지금 다니고 있는 회사의 단점만을 꼬집어서 벗어나고 싶다고만 생각하면 사실 다른 회사에서도 그와 비슷한 단점이 없으리라는 보장이 없기 때문이다.

남들에게 좋다고 **내게도 좋은 것은 아니다**

사람은 결핍에 의해서 동기가 생기고는 한다. 자신의 욕구에 집중하여 어떤 결핍을 채우고 싶은지 내면의 소리에 귀 기울여볼 충분한 시간을 가져야 한다.

한편 자신의 결핍을 충족시켜줄 만한 최상의 조건이 만족된다면 그 밖의 조건들에 대해서는 조금 유연하게 열어두어야 한다. 100퍼센트 만족을 줄 회사는 단언컨대 없다. 남들에게 좋은 회사가 내게 좋은 회사가 아닐 수 있음을 반드시 기억하라. 보기 좋은 떡만 찾아다니다가 배가 곯는 것보다 나은 선택은 일단 내게 필요한 영양분을 채워줄 만한 곳에 슬쩍 발을 내미는 것이다.

결국 당신이 선택하게 될 회사는 좋은 회사가 아니라 회사에 만족하는 사람이 가득한 우리 회사여야만 한다.

➕ 코멘트 톡톡!

결핍을 충족시키는 완벽한 조건이란 세상에 없다.
당신에게 필요한 것은 완벽한 조건의 회사가 아닌, 당신에게 최적인 회사이다.

돌다리도
두들겨 보라

: 이직하면 커리어패스가 생긴다 :

흔히 첫 번째 회사가 중요하니 신중하라고 하는데 두 번째 회사는 더욱 신중하게 선택해야 한다. 경력의 첫 포문을 여는 개념인 첫 번째 회사에서 쌓아올린 경력을 이어갈 때 다음 회사에서 또 어떤 일을 하게 되느냐에 따라 개인의 커리어패스(Career Path : 경력경로, 경력의 방향성의 의미를 담고 있음)가 만들어지기 때문이다. 그래서 회사에 대한 정보를 최대한 많이 얻으려는 노력이 필요하다. 그 정보들은 헤드헌터, 커리어 컨설턴트, 주변 지인들, 업계의 상급자, 경영 잡지, 신문기사 등에서 얻어낼 수 있다. 이제까지 직무의 맛을 알고 업종의 변화나 트렌드를 습득하였다면 발전 가능성과 자신의 요구조건을 충족시켜줄 기업이 어디인지를 판단하는 눈이 길러졌을 것이다.

유통업체 K과장은 헤드헌터로부터 '대기업에서 마케팅 차장을 채용하고 있다. 연봉 7,000만 원'의 조건을 설명하고 관심 있으면 이력서를 보내달라는 요청을 받았다. 대기업, 승진, 연봉 상승이라는 세 가지 조건은 K과장에게 매우 매력적인 제안이었다. 그렇지 않아도 이직 제안을 받으면 진지하게 고민해보리라 마음먹고 있던 터인데 조건만으로는 수용할 만한 수준이었다. 하지만 K과장은 채용이 이루어지는 과정에서 실제 조건이 다르고 직급 승진이라는 조건도 없고 대기업이 아닌, 대기업이 지분을 투자한 신생 IT회사임을 알게 되었다. 헤드헌터의 추천만 철석같이 믿었는데 황당한 결과였다. 결국 면접까지 봤지만 이직을 포기했다. 이런 경우가 종종 있다. 헤드헌터는 자신이 추천한 구직자가 최종합격이 되었을 때 합격자 연봉의 10~20퍼센트를 성공보수로 받는다. 때문에 일부는 인재추천 및 매칭의 개념보다 영업과 실적 중심의 일을 하는 부작용을 낳기도 한다. 실제로 경력이 쌓이면 헤드헌터를 통해 현재보다 나은 조건의 직장으로의 이직을 시도하게 마련이지만 상대가 이직전문가라는 생각에 쉽게 이직을 결정하고 성급하게 사직서를 낸다면 낭패를 볼 가능성이 높다.

경력자들은 연차가 쌓이면 자연스럽게 이직을 생각하게 되기 마련인데, 재직 중인 상태에서는 이직 시도의 사실이 소문이라도 날까 봐 조심스럽다. 비밀리에 이직준비를 하던 어떤 이가 '왜 꼭 재직 중일 때 이직을 하라는 건가' 질문해온 적이 있다. 만약 이직을 시도했는데 잘 되지 않았을 때 안정적인 보루가 필요하기 때문이다. 또 어딘가에 속해 있는 인물이라면 능력 있는 인재에 대한 매력도가 높아져 회사 측에서 관심을 더 가질 가능성이 높다. 반면 퇴사 후 구직 중에 있는 대상자가 입사에 애달아 있다고 가정하면 심리적으로 매력도가 떨어질 수 있다. 이는 어디까지나 채용결정권자의 주관이 작용하는 부분이다. 비록 영악한 꼼수이기는 하지만 혹시 모를 실패를 대비하고 협상에 있어 유리한 고지를 선점하기 위함이다.

만반의 준비를 해야 뒤탈 없다

회사 업무를 하면서 이직준비를 한다는 것이 버거워 헤드헌터에게 전적으로 의존하고 일임하기도 한다. 그러나 헤드헌터의 전문성만 의존하기보다는 본인이 직접 꼼꼼히 확인해야만 한다.

어디까지나 현실도피용으로 이직을 선택하는 것이 아니라 자신의 발전 방향에 따른 이직이다. 새로운 직장에 대해서 확인해보아야 할 것은 다음과 같다.

- 이 회사는 안정성이 있나? 회사에 대한 신용도는 괜찮나?
- 이직한 후 얻어질 기회는 무엇이 있나?
- 승진 관련하여 회사의 정책은 어떻게 마련되어 있나?
- 보직에 대한 안정성은 있나?(신규 사업부서인가? 업무를 배울만한 상사가 있나?)
- 새롭게 도전할 만한 일인가?
- 기대하는 요구조건을 충족시켜주는가?
- 이 직장에 대한 부정적인 면은 없나?
- 커리어 방향성에 부합하는 기업규모와 비전을 가졌나?

확인해야 할 것들은 무수하다. 이는 경력자들이 이직을 하고 나서 좀 더 따졌어야 한다고 아쉬움을 갖는 대표적인 것들이다. 첫 번째 직장을 선택할 때도 따져보았겠지만 그 당시보다 확고한 커리어 신념을 가지고 움직이는 것이기에 더 신중해져야 한다. 물론 이러한 부분을 신중히 고려한다고 해도 알아내지 못하는 부분이 있을 수 있다. 그런 경우에는 면접 과정에서 보다 더 적극적인 입사의지를 담아 질문하고 답을 구할 수도 있다. 경력자의 이직에 있어서는 끝까지 신중히 판단하고 많은 정보를 얻은 후, 최종 입사를 결정해야만 뒤탈이 없다.

> **코멘트 톡톡!**
>
> 아무리 점검해도 모자라지 않다. 신중하게 선택해도 실패할 가능성이 있다.
> 다만 이직을 시도하는 것도 용기가 필요하다. 용감하게 도전하고 최종 입사결정까지 더 꼼꼼히 따져라.

구직의 시작은 서류다.
기본부터 챙겨라

과거보다 더 어려운 **경력자의 이력서**

이직을 해야겠다고 굳건히 마음먹었다면 이에 대한 생각을 글로 정리해야 한다. 이렇게 정리된 글이 바로 당신의 이력서다. 이 글에서 이야기하는 이력서는 이력서와 자기소개서를 한 세트로 묶어 거론하는 것임을 기억하라.

첫 직장을 구할 때에도 이력서를 작성하며 힘들어했던 경험이 떠오를 것이다. 채울 것이 너무 많아 뭘 써야 할지 몰랐고, 혹은 채울 것이 없어 답답한 마음이었을 것이다. 그런 감정들은 지극히 자연스러운 것이다. 어쨌든 이력서를 빼곡히 써냈고 취업을 했으니 당신 이력서의 가치는 결코 하찮지 않다.

당시에 썼던 이력서보다 지금 쓰는 이력서가 사실 더 어렵다. 그때의 이력서가 직무 능력 중심으로 쓰려고 자신의 경험을 비슷하게 끼워 맞췄던 이력서였다면, ==지금 쓰는 이력서는 제대로 일을 잘해왔음을 드러내기 위해서 성과 중심으로 보다 매력적인 표현으로 신중하게 써야 하기 때문이다. 이는 비즈니스 문서 좀 다뤄봤다는 당신의 능력을 평가할 수 있는 또 다른 수단이 된다.==

그렇기 때문에 반드시 시간적인 여유를 두고 찬찬히 지난 몇 년을 돌이켜 보면서 경력을 적어나가야 한다. 입사 전에는 활자로 읽은 직무 내용을 그대로 자기소개서에 옮겨 적었었는데, 이제 직무에 대해 보다 더 구체적으로 경험했으니 이 얼마나 비약적인 발전인가. 생생한 경험이 녹여져 있는 내용만이 활자를 읽는 평가자의 눈을 지루하지 않게 한다.

이력서는 비즈니스 문서다

기획자는 기획서 혹은 제안서를 읽는 사람 입장에서 쓴다. 상대가 읽어주어야만 하는 내용에 선택과 집중을 하고 효과적으로 표현하기 위해

긴 시간 고민한다. 이력서도 그와 같은 개념 선상에 두고 작성해야 한다. 글을 읽을 때 구직자의 역량을 상상할 수 있어야 하며 이로 인해 직접 만나보고 싶은 사람으로 느껴져야 잘 쓴 이력서이다.

경력직이기 때문에 훨씬 더 노련하고 세련된 면모가 드러나는 편이 좋다. 이메일로 발송하거나 직접 제출하는 경우에 이력서에 커버레터를 덧대면 어떨까. 신입사원 공채지원이야 규격에서 벗어나지 않는 것이 무난하지만 경력직이기 때문에 오히려 딱딱한 이력서에서 벗어날수록 신선하게 여겨진다. 한 차원 더 높은 정성을 들인다면 채용담당자에게 더욱 각인될 것이다.

커버레터 작성이 번거롭다면 이메일 지원 시 메일 내용을 신중하게 작성하도록 해야 한다. 비즈니스 매너와 업무에 대한 치밀함을 가지고 있다는 것이 드러나야 한다. 팀원 선발을 위해 직접 채용을 진행해보니 이메일 제목도 건성, 메일 내용도 성의가 없는 지원자에 대해서는 '경력도 있는데 이런 기본도 안 되어 있다니, 만약 이 사람을 채용하면 이런 사소한 것부터 가르쳐야겠군'이라는 생각에 좋은 점수를 주기가 어려웠다. 업무능력이 이를 얼마든지 커버해줄 수 있다며 자신하겠지만 사소한 기본에 충실한 사람일수록 업무실적도 좋기 마련이다.

이력서를 작성할 때는 누차 이야기해도 모자람 없는 것이 '누군가 읽어서 호감을 가지게 하는, 읽히는 지원서'를 써야만 한다는 것이다. 그럼에도 구직자들은 '읽히는 글'을 쓰기보다 자기 본위대로 '머릿속에서 떠다니는 생각'을 글로 쥐어짜려고 애쓴다.

무수한 자기소개서를 읽어보고 실제로 이력서 컨설팅을 진행하면서 깨달은 것이 있다면 머릿속 생각을 글로 표현하려 하기보다 생각을 말로 표현하는 것, 즉 스토리로 전달이 될 수 있도록 써야만 한다는 것이다. 글로는 이해가 되지 않아 "이건 무슨 의미인가요?"라고 물었을 때 지원자들이 말로는 유연하게 잘 표현해 그제야 진솔한 의미가 전달이 되었다. 그래서 '그 이야기를 썼어야지, 왜 엉뚱한 것을 써놓았냐'며 안타까워했던 적이 많다. 머리에 떠다니는 생각을 글로 표현하려고 하면 어색하기 짝이 없다. 글의 개연성과 맥락을 고려하여 작성하지 않고 글자수를 채우는 데 집중하면 좋은 평가를 받기 어렵다. 그래서 종종 주문하기를, 생각을 필터링 하지 않고 말하듯 스토리를 써보라고 한다. 수정은 그 다음에 하면 된다.

쓰지 않으면 안 될 당위성을 가진 이력서

해외에서 계약관리업무를 담당했던 C씨는 이직을 위해 국내에서 구직활동을 한 지 꼬박 6개월째이다. 대기업, 중소기업 닥치는 대로 입사지원을 했으나 서류 전패의 흑역사를 쓴 뒤에야 나를 만났다. 스토리를 구체적으로 작성하여 칸 채우기에 몰입했던 나머지 전체적인 글의 흐름은 제멋대로 뒤엉켜 있었다. 글쓰기 방법을 알려주었으나 두어 번 수정을 해도 변화가 크지 않았다. 왜 그런가 하고 봤더니 여태 설득형 작문은 해보지 않았던 것이 문제였다. 비즈니스 문서를 제대로 다뤄보지 않은 그를 위한 글쓰기 훈련은 여러 차례 반복되었다. 완성된 한 페이지의 문서를 위해 쓰기 싫은 글을 억지로 써야 하는 것이 고통스럽지만 관문 통과를 위해서는 해야만 하는 일이었다.

글이 잘 써지지 않을 때 항상 권하는 방법은 글의 개요, 즉 뼈대를 짓는 일이다. 강조하고 싶은 지원자의 핵심역량을 도출하고 그에 대해 어떤 순서로 써나갈 것인지 전체적인 구성을 하고 거기에 살을 붙여나가는 것이다. 이때 중심문장에 대한 부연설명은 구체적인 예시와 스토리가 가미되어야 한다. 어떤 내용을 써야할지 개요를 작성하는 것이 어렵다면 또 다른 방법도 있다. 자신이 쓴 글을 펼쳐놓고 핵심역량을 키워드로 꼽아서 이리저리 배치해보는 것이다. 그렇게 구성을 달리 하면 맥락의 흐름이 자연스러워져 내용이 풍성해진다.

직무 중심의 **이력서를 구체적으로**

경력직의 이력서는 제일 먼저 인사담당자가 읽는다. 인사담당자가 검토하고 실무자가 확인하여 면접대상자를 추리는 과정을 거치게 된다. 인사담당자는 보통 다른 업무도 바쁘기 때문에 이력서에 많은 시간을 내어 정독하지 않는다. 그들은 몇 가지 포인트만으로도 이력서 내용 속에서 면접 대상자를 추려낼 수 있다고 확신한다. 빠른 시간 내에 훑

어볼 때 자격우대 사항에 부합하는 사람일수록 선택 가능성이 높아진다. 그 뒤에 혹시 놓친 것은 없는지 한 번 더 꼼꼼히 살펴보게 된다. 면접 대상자는 그렇게 가려진다. 왼쪽에 면접대상자의 서류, 오른쪽에 탈락예정자의 서류가 놓이면 그 뿐이다.

인사담당자가 가장 눈여겨보는 부분은 경력사항이다. 단연 경력직을 채용하는 것이기 때문이다. 채용하고자 하는 모집분야에 대해 고민한 흔적이 충분하다면 면접으로 이어지는 것은 어렵지 않다. 기존의 이력서에 입·퇴사 연월일, 회사명, 근무부서, 담당업무만 간단히 기입하는 것이 일반적이지만 경력직 모집공고상 제시된 구체적인 직무내용이 있다면 이를 충분히 수행할 수 있음을 드러내는 내용으로 보완해야 한다. 친절하게도 우대사항에 '회계 프로그램 사용 가능자'라고 적혀 있다면 '회계 프로그램 사용 가능'이라고 적는 것이다. 경력사항은 직무 중심으로 구체적으로 작성하겠지만 추가적으로 경력기술서나 포트폴리오를 함께 제출하면 친절함이 배로 전달될 것이다.

이직사유에는 **희망을 담아라**

수많은 경력자 이력서를 검토했지만 퇴사사유를 길고 구체적으로 작성한 내용을 본 적이 없다. 보기에는 '개인사유'가 가장 무난하면서 또 많이 쓴다. 그렇게 쓰고 면접에 당도하여서는 반드시 질문을 받게 되어 있다.

"퇴직 사유가 개인사정 때문이라고 적었는데 어떤 사정이 있었나요?"

이 질문에 답을 하려면 이직이유에 대해 충분한 고민이 있었어야만 한다. '무엇을 하고 싶은가'에 대한 긍정적이고 발전적인 희망을 언급하자. 하고 싶은 일이 뚜렷한데 이전 회사(현 직장)에서 실현하기가 어려워 퇴사를 결정했다는 설명은 납득이 된다. 때로는 대우가 만족스럽지 못해서, 인간관계의 트러블 때문에 이직을 했다고 솔직하게 답변할 수도 있다. 솔직한 게 죄는 아니다. 다만 같은 직장인 처지에 이해와 공감이 될지라도 이직 후에 그와 같은 문제로 또 퇴사를 할 수 있으리라는 불안감에 채용을 주저하게 만든다.

관점을 달리하면 세상을 다르게 볼 수 있다. 비록 표면적이고 당면한 사유야 회사에 대한 불만이고 사내에서의 관계가 감당이 되지 않아서라고 하고 싶더라도 퇴직사유에 대해서는 긍정적이거나 중립적인 이미지를 담도록 해야 한다. 내 경우에는 '비전에 따른 기회창출'이라고 적었다. 그리고 면접에서 이런 질문을 받았다.

"어떤 직업적 비전을 가지고 있습니까?"
"무엇이 기회라고 생각했습니까?"

이 질문을 예상했고 면접관이 만족스러운 답변을 했음은 물론이다. 이력서에 담는 글자 하나하나는 면접에서 긍정적인 질문을 유도한 것이어야 한다.

기업이 원하는 **지원동기, 그리고 포부**

구직자가 자기소개서를 쓸 때 제일 막막하다고 말하는 부분은 '지원동기와 입사 후 포부'이다. 막막하다는 표현을 하는 이유는 그야말로 지원동기와 입사 후 포부가 없기 때문이다. 사실 이 부분에서 가장 명확하고 진솔하게 표현이 된다면 채용담당자가 자기소개서를 확인할 때 망설임 없이 한번쯤 면접에서 만나보고 싶다는 생각을 하게 되어 있다.

 가장 중요한 지원동기를 쓸 때에는 지원기업만을 위한 지원동기를 써야 한다. 경력직을 채용할 때에는 뚜렷한 직업관이 있는지, 묻지마 지원이 아닌지를 판단하는 데 초점을 맞추게 된다. 회사 측에서도 입사한 직원의 정착을 위해 노력해야 하는 부분이 있지만 스스로 뿌리내릴 작정을 하고 와야 안정감 있게 윈-윈 할 수 있다. 그래서 신입사원 채용보다 경력직 채용은 더욱 신중해질 수밖에 없다.

 이미 경력관리를 위해 비전과 사명 등에 대해 누차 강조하였으나 자기소개서에 담을 만한 구체적인 입사 후 포부를 적기에 무리가 있다면 직급별로 요구하는 기업의 인재상을 고려하여 작성해보기를 바란다.

| 사원의 인재상 | 학교에서 축적한 지식을 업무스킬과 접목시키는 실무능력을 갖춘 사람, 성장가능성을 보이고 조직에 빠르게 적응하는 분위기 메이커 |

| 대리의 인재상 | 다소 많은 업무량을 처리하고 시행착오 속 문제해결능력을 갖춘 사람, 자기만의 전문분야를 발굴하여 자기 계발을 게을리하지 않으며 업무 관장능력이 뛰어난 사람, 소통을 통한 네트워킹에 능한 사람 |

| 과장의 인재상 | 중간관리자로서 실무와 관리능력을 갖춘 사람, 선배와 후배 사이에서 소통능력이 우수한 사람, 내공이 깊은 실력자로 인정받는 사람, 문제해결능력과 의사결정능력이 뛰어난 사람, 셀프 브랜딩하는 사람 |

| 부장의 인재상 | 전문성을 가지되 시장동향, 경제흐름을 파악하고 큰 그림을 그리는 사람, 하나의 부서를 책임지고 존경받는 리더, 변화와 혁신을 주도하는 사람 |

경력기술서로 돋보이는 **경력의 힘**

경력자는 경력기술서를 추가로 제출해달라는 요구를 종종 받는다. '이력서 경력란에 이미 작성했는데 뭘 또 쓰나' 싶은 마음도 들지만 좀 더 구체적으로 당신의 경력을 파악하고자 추가적인 서류를 요구받는 것뿐이다. 오히려 이력서에 학력이나 자격을 기술할 때 자신이 없었다면 경력기술서로 보완이 가능하다. 차근차근 걸어온 경력에 대해 기술하는 과정은 자신을 어필하기 위한 돌파구가 되기도 한다. 이직을 하던 하지 않던 담당하는 업무의 특성상 프로젝트별로 경력기술서를 제출하게 하는 경우도 있으니 종종 경력기술서를 업데이트해놓았다면 더할 나위 없이 좋을 것이다.

　이력서 작성도 귀찮은데 경력기술서까지 작성해야 하는 것이 번거롭긴 하지만 서식과 분량이 따로 정해져 있지 않기 때문에 직무내용이나 승진, 이동, 수상내역 등 해당 정보를 보다 구체적으로 기록할 수 있어 좋다.

　짧은 경력기간은 이력서 한 줄로 대체되지만 경력기술서에는 짧은 기간이라 하더라도 체득한 지식이나 기술을 풍성하게 담을 수 있다. 담당했던 업무 혹은 프로젝트별로 과정과 성과를 기술하여 경력의 기간에 포인트를 두지 않고 업무역량을 돋보이는 데 중점을 두고 쓰도록 한다.

　업무수행 장면이나 실적을 나타내는 시각적 자료로 표, 그래프, 사진 등을 활용하면 경력자로서의 역량이 두드러질 수 있다는 것 또한 팁이다. 과장된 문장으로 장황하게 표현하지 않고 일목요연하게 정리해야 한다. 특히 수치를 사용하여 설득력 있게 접근할 것을 당부한다.

코멘트 톡톡!

채용담당자로 하여금 만나고 싶은 사람이 되어야 한다. 글을 통해 채용담당자가 구직자의 역량과 성과를 충분히 짐작할 수 있어야 한다.

경력직 면접,
비즈니스 매너에서 출발하라

비즈니스 매너, 회사의 욕구를 읽어라

경력직 면접은 비즈니스 매너와 직결되어 있다. '이제껏 조직생활을 어떻게 적응해왔는가, 고객과의 관계는 어떻게 맺어왔는가'가 면접장에서 드러나게 되어 있다. 고객과의 약속을 지키기 위해 시간보다 일찍 약속장소에 도착해야 한다. 자신이 우월한 인재라는 착각 속에 비즈니스 매너조차 무시한다면 기본 중의 기본을 모르는 무뢰한으로 여겨질 수 있다.

본격적으로 이직을 시도하며 이력서를 제출하고 면접이 잡혔을 때 재직 중인 경우가 많아 회사에 양해를 구하고 저녁시간 혹은 주말에 면접을 보는 경우도 있다. 교통체증에 걸렸다면 이는 불가항력이기 때문에 조금 양해를 구할 수 있지 않을까 슬쩍 기대해보지만 그 누구도 기본이 없는 경력자를 채용하고 싶어.하지 않는다.

면접장에서 전혀 예상하지 못했던 질문이 쏟아질 수도 있다. 이때가 바로 당신의 노련미를 발휘할 수 있는 순간이다. 위기의 순간에도 대처할 수 있는 문제해결능력을 보고 싶어 하는 회사의 욕구를 읽어야 한다. 이때 자신의 소신을 주장하면서 보다 더 나은 대안을 찾기 위해 잠깐 생각하는 듯한 제스처가 필요하다. 더불어 혼자만의 독단적 주장이 아니라 면접관과 의견을 교류하는 자리로 만들어주는 센스가 있다면 더할 나위 없다.

이직이란 이미 만들어진 조직 안에 나홀로 들어가는 것이다. 다른 환경에 익숙해져 있다가 새로운 환경에 적응하는 것은 신입사원이 처음 조직에 몸담게 되는 것과는 또 다른 차원이다. 말로만 '잘 적응할 수 있다'며 호언장담하지 마라. 면접관이 미래에 함께 일할 동료이자 상급자라는 생각을 한다면 '저도 함께 일하고 싶습니다'라는 말이 진심에서 우러나야 한다.

막대한 비용이 들지 않을 **준비된 인재**

신입사원을 채용하는 데에도 기업은 막대한 비용을 투자해야 한다. 취업포털 인크루트에서 331개 기업을 대상으로 실시한 설문조사에 따르면 채용을 하는 데 평균 1인당 약 115만 2천원이 소요된다고 한다. 채용공고 게시, 서류전형, 인·적성 검사, 필기시험, 면접 전형, 신체검사, 오리엔테이션 등을 실시하는 것 자체가 그저 쉽게 진행되는 것이 아니라 비용으로 환산되는 것이다.

신입사원을 채용하고 나면 그들을 교육시키는 데에도 역시 비용이 든다. 조직에 어울리는 사람으로 키워내는 데까지 많은 시간과 돈을 투자해야 한다. 신입사원이라면 제대로 된 실력을 갖추기까지 더 많은 비용이 들기 때문에 기업들은 점점 더 경력직을 선호하게 되었다.

당신이 월급이나 필요로 하는 샐러리맨이 아닌 비즈니스맨임을 가정하면 '그러한 막대한 비용 따위 들지 않는 이미 준비된 인재'임을 강조해주어야 면접전형을 딛고 채용확정에 이를 수 있다.

매너(Manner)란 사전적 의미로 행동하는 방식이나 자세, 몸가짐, 태도 등을 의미한다. 즉, 상대와 진정한 소통을 위해 존중하고 교감하기 위한 배려라고 해석할 수 있다. 결국 소통을 위해서는 상대가 원하는 것이 무엇인지 따뜻한 배려를 통해 읽어내고 그에 부응해야 한다. 면접을 비즈니스 매너에서 출발하라고 한 이유는 그 때문이다.

면접을 위해 마주 앉은 두 사람(1:1 면접을 가정한다)은 서로를 탐색하는 중이다. 둘 다 원하는 바가 있다. 한 사람은 채용하기를 원하고 한 사람은 채용되기를 원한다. 탐색을 위해 질문과 대답을 한다. 경력직 면접은 우선 기업을 대표하는 면접관이 하는 질문을 예상하고 그의 기대에 부응하는 것이다. 좋은 인재를 찾기 위해 많은 시간과 비용을 들이는 면접관을 배려하여 '당신이 찾는 사람이 바로 여기 있습니다'로 부응하면 면접은 소통으로 이어지고 당당히 합격에 이르게 된다.

당신이 뽑고 싶은 **인물을 상상하라**

몇 년간의 직장생활이었더라도 상사, 동료, 후배, 고객들을 만나면서 조직 내 상하개념을 익혔고 갑을관계에 대한 생각이 많아졌을 것이다. 항상 자기 위주로 생각해온 삶이었다면 이제는 조직 안에서 자신의 역할을 고민하며 좀 더 나은 환경 속에서 좋은 동료와 함께 일하고 싶다는 바람이 생겼을 것이다. 이제 입장을 바꿔 생각해보기 신공을 발휘할 때이다.

면접관의 입장이 되어보라. 당신이 함께 일하고 싶은 사람을 직접 채용한다고 가정해보고 그 사람의 모습을 그려보는 것이다. 면접관은 그저 채용이라는 과정을 위해서 의무적으로 면접을 보는 것이 아니다. 함께 일할 괜찮은 사람을 뽑아 낭패를 보지 않으려 한다. 제대로 된 인물을 채용하는 데 실패하게 되면 채용에 들어간 시간과 비용을 날려버리는 것이고, 기껏 인수인계하고 교육한 것이 수포로 돌아가는 것이며, 함께 일하며 맞지 않으면 스트레스도 덤으로 얻게 될 것을 가정하고 면접에 임한다. 내 집에 어울리지 않는 불청객이 들어왔는데 마음이 약해 쫓아내지 못해 속앓이를 하고 싶지 않다고 독하게 마음먹고 있다.

자, 이제 당신은 면접자가 아닌 면접관 자리에 앉아 있다고 가정해 보자. 이제부터 평가를 시작한다.

- 면접대상자가 시간보다 일찍 회사에 당도했다. 플러스 1점.
- 대기 장소에 대기하고 있다가 당신이 들어서니 면접자가 자리에서 일어나 미소 띤 얼굴로 인사한다. 플러스 2점.
- 면접자의 긴장을 풀어주기 위해 가벼운 이야기로 분위기 좀 풀려 했는데 반응이 없다. 시니컬하거나 긴장을 너무 하는군. 마이너스 2점.
- 몇 가지 가벼운 질문을 한다. 면접자가 언변이 좋고 센스도 있다. 베리 굿! 플러스 30점.
- 이력사항에 의문이 가는 점이 있어 확인 차 물어보았더니 얼버무린다. 잘 모르는 부분이거나 확신이 없는 것 같다. 마이너스 10점.

이런 식으로 총점 100점 만점에 80점 이상이면 일단 1차적으로 면접에서 합격이다. 이미지 트레이닝을 통해 당신이 뽑고 싶은 인물을 대입하여 스스로 면접관이 되고 또 면접자가 되어보면서 연습해보자. 자신감 있게 면접에 임하고 허를 찌르는 질문에도 흔들림 없는 자세로 면접상황을 리드하라. 조준한 과녁마다 백발백중! 드디어 당신이 원하는 직장에서 러브콜을 보내기 시작했다.

: 채용담당자는 **알고 싶다** :

채용담당자는 직속 상사가 될 예정인 사람일 가능성이 높다. 그는 해당업무를 잘 처리할 수 있을지를 가장 우선적으로 판단하려 한다. 그리고 함께 일하며 팀원들과 어울릴 수 있을지도 판단한다. 자신보다 나이가 많다면 함께 일하기 부담스럽다는 것을 고려할 것이고 연봉이 높으면 팀 매출 중 고정비로 나가는 부분에 대해서도 고려할 것이다.

　채용담당자가 마음에 들어 한다면 그 다음 고지는 부서장이나 사장일 것이다. '함께 일하고 싶은 사람'으로 낙점됐다면 특별한 잘못이 있지 않고서야 채용될 가능성이 높다. 그러나 너무 편하게만 면접에 임했다가 치명적인 실수를 하는 경우도 있으니, 긴장을 늦추지 마라. 만약 채용담당자가 '흔쾌히 만족스러운 수준은 아니나 결정을 고려할 대상'으로 낙점하여 최종면접을 보게 된다면 사장 혹은 부서장이 좀 더 깊고 넓은 혜안을 가지고 최종 결정에 신중할 것이다. 앞서 몸값 올리기 대신 밥값 올리기에 열중하라고 권했던 것을 기억하라. 회사를 위해 무엇을 할 수 있을지를 대안으로 제시한다면 결정권자의 흥미를 돋우게 될 것이다.

   면접관은 고작 30분에서 1시간 남짓한 시간동안 당신을 판단하게 된다. 겉으로 보이는 이미지에서 좋은 인상을 전달해야 하는 것은 물론이요, 몸에 밴 비즈니스 매너로 한층 돋보일 수 있다. 깊은 내면에 인간적인 됨됨이가 깔려 있다면 더욱 환영받을 것이다.

∶ 면접의 갑이 되는 법 ∶

첫 직장을 구하기 위해 어색한 정장을 갖춰 입고 면접을 보러 다녔던 때를 떠올려보면 '면접은 긴장되는 과정'이라는 생각이 들지도 모른다. 이는 면접이 여전히 평가당하는 과정이라고 뇌가 기억하고 있기 때문이다. 하지만 이제 탄탄한 경력이라는 무기가 존재한다. 언제든 그 무기를 날려 당신이 옮기고 싶은 기업에 투척할 수 있다. 이제까지 업무에서 실적을 올렸던 것이 있고 그대가 찾는 인재가 바로 나라고 주장할 수 있어야 한다.

   채용담당자가 미래의 상사일 수도 있으니 잘 보여야 할 필요가 있지만 면접관인 그도 당신만큼이나 좋은 인재를 뽑기 위해 긴장한 상태로 당신을 만나게 된다. 당신이 제출한 이력서 안에서, 당신이 답변한 이야기들 안에서 진짜 묻고자 하는 핵심 질문을 해나갈 것이다. 그는 면접전문가가 아니라, 실무자 혹은 직장생활 경험이 짙은 인생선배다. 당신이 우수한 인재라는 것을 가정하고 보다 더 당당해져라.

'면접=평가의 장'이라는 공식에서 자유로워지면 당신이 갑의 위치에 있을 수 있다. 기업이 찾는 우수한 인재는 기업에서 영입하고 싶은 매력적인 인물이다. 오히려 '우리 기업에 꼭 와주세요'라고 설득하는 과정이 이루어질 수 있다. 만약 면접관이 불친절하거나 너무 고자세로 상대를 폄하하는 타입이라면 미래의 상사로 모시고 싶은 마음이 딱 사라질 것이다. 어떻게든 입사하고자 하여 이를 감수하면 그 뒤의 후폭풍은 고스란히 감당해야 한다.

면접관들의 심정을 헤아려주는 위치에 서보라. 당신의 능력과 실력이 채용담당자의 부담을 덜어줄 수 있음을 안정감 있게 전달해보자. 당신의 고객을 설득하는 과정과 다를 바 없다. 진심을 담아 이야기하면 된다. 그러면 오히려 면접관이 당신에게 적극적으로 매달릴 것이다.

코멘트 톡톡!

면접에서 좋은 인상과 비즈니스 매너는 당신의 역량을 더욱 돋보이게 만든다. 그 누구도 기본이 안 되어 있는 구직자를 뽑고 싶어 하진 않는다.

면접 불패 비법

: 이직의 신 :

지인 중에 한 명은 '이직의 신'이라 불린다. 그는 기업에서 원하는 인재일 뿐만 아니라 기업이 품기에 넘치는 인물이기도 하다. 많이 읽고 많이 쓰고 많이 생각하는 사람이다. 그래서 딱히 직장생활이 잘 맞는 사람이 아니기도 한데 일을 해야겠다고 마음먹고 입사지원을 하면 면접을 보는 족족 러브콜을 받는다. 경력관리를 어떻게 해야 한다는 룰마저도 넘어서는 버라이어티한 면접경험과 실무경력을 갖추고 있다. 그가 어떻게 면접을 그리 잘 보는지 관찰해보니 비법은 이러했다.

자신의 스토리로 이야기하라

도덕교과서에 나온 듯한, 어딘가에서 들어본 듯 뻔한 이야기를 면접관은 싫어한다. 이력서에 담은 내용에서 읽지 못하는 빈틈을 메워주어야 한다. '저는 무엇을 잘했습니다'로 끝나지 않고 '왜 그것을 했는지에 대한 구체적인 이유'를 먼저 제시한다. 신선하게 기억에 남기려면 하고 싶은 말을 쉽게 풀어서 이야기해야 한다. 진솔함이 묻어나는, 사람냄새 나는 이야기는 자기가 겪은 에피소드에서 우러나온다. 포장이 아니다. '나도 그때 그랬었지'와 같은 면접관의 공감을 얻어내야 한다.

정성을 들이고 진심을 전하라

면접에 대비하려면 '회사에 대한 정보'를 수집하는 것이 우선되어야 한다. 신입사원일 때와는 달리 인맥도 늘어났으니 건너서 아는 사람에게라도 필요로 하는 정보를 전해 듣는 것이 좋다. 그것이 어렵다면 경제신문에서 자주 접한 내용을 종합적으로 분석해 면접에서 새로운 시각을 제시해야 한다.

질문을 예상해서 추측해보고 그에 대해 답변을 준비한다. 베테랑 연기자들도 대본연습을 매우 충실하게 한다. 그렇기 때문에 살아보지 않은 삶조차도 훌륭히 연기해낸다. 연기자가 되라는 것은 아니다. 직접 살아본 삶을 이야기하는 것일 뿐이다. 기억 속에 묻혀 있어 생생하게 전달이 되지 않을 것을 대비해 연습을 해보라는 것이다.

질문은 자주 등장하는 뻔한 것에서부터 최신 시사적인 이슈를 묻는 질문까지 다양하다. 이력서 상에 뻔히 보이는 약점과 허점을 애써 감추려고 할 필요는 없다. 베테랑 면접관은 단박에 찾아내어 공격할 것이다. 어물어물하지 말고 긍정적으로 해석하고 받아쳐라. 질문에 대한 답은 정성들여 자기 생각을 피력하면 된다.

: 함께 일해보고 싶은 **인상을 각인시켜라** :

첫인상은 중요하다. 긍정적인 인상으로 기억되어야 한다. 편안하고 깔끔한 이미지를 보이기 위해 노력하는 것이 좋다. 간혹 경력자라는 이유로 자신이 면접자라는 신분을 망각하고 너무 과하게 허세를 부리는 경우가 있다. 이는 면접관을 부담스럽게 한다. 잘난 척, 아는 척, 있는 척하는 3척 동자는 스스로 경계해야 한다.

별 것 아닌가? 정말 별스럽지 않다. 이 별스럽지 않은 것을 실천하지 못하는 것이 문제다. 우리는 머리로 알고 있는 무수한 정보들을 몸으로 체득하지 못해 실패하곤 한다. 별 것 아닌 것에 집중하라. 기본에 충실한 사람이 탄탄한 내공의 진짜 실력자다.

> **코멘트 톡톡!**
>
> 이 역시 한 개인의 비법일 뿐이다. 자신만의 방법을 터득할 수는 없을까? 경력자인 당신은 면접에서 훨씬 더 유연하고 매력적으로 자신을 어필할 수 있을 것이다.

면접 시뮬레이션

면접에 대비하려면 우선 면접의 예상 질문을 뽑아 면접관이 기대하는 답과 그 기대를 뛰어넘는 답을 준비해야 한다. 다음의 질문에 스스로 질문하고 답하는 시뮬레이션 과정을 경험해보자.

Q 간단하게 자기소개를 해주세요.

첫 번째 질문은 자기 PR능력을 파악하려 하는 것이다. 프로페셔널한 면모가 드러날 수 있는 카피로 시작하면 좋다.

> "세상을 움직이는 마케터, OOO입니다."
>
> "미래를 바꿀 엔지니어, OOO입니다."

손발이 오그라든다며 자신은 이런 멘트를 못하겠다는 구직자가 있었다. 하지만 이 카피 하나로 자신을 설명할 수 있다면 길고 긴 부연설명이 필요 없다. 여기에 부가적으로 면접관이 찾고 있는 직종에 맞는 경험과 실적을 강조하는 것으로 마무리한다. 너무 길면 장황하게 들리기 때문에 면접관의 추가 질문을 유도하는 멘트를 준비하는 것이 좋다.

Q 이직하려는 이유가 뭔가요?

커리어 향상을 위해 이직을 하고자 한다고 분명한 메시지로 전달해야 한다.

> "현재 회사에서 근무한 지는 만 4년이 되었습니다. OO팀에서 대리로서 실무를 담당하며 그간 팀에 기여할 만한 성과를 냈습니다. 저의 현재 포지션과 앞으로 발전적인 커리어 패스를 생각해봤을 때 업계를 선도하고 있는 OO회사에서 더 큰 역량을 펼쳐 보일 수 있을 것 같아 이직을 선택하였습니다."

Q 당신의 단점은 무엇입니까?

치명적인 약점은 드러내지 않더라도 자신을 파악하고 자신의 단점에 대해 말할 수 있어야 한다. 단점을 알고 적극적으로 개선하고 노력하는 사람이어야 업무적 화합이 가능하기 때문이다.

> "저는 일을 할 때 책임완수를 중요시합니다. 그래서 해야 할 일들을 끌어안고 있으면서 과중한 압박을 느끼는 경향이 있었습니다. 제시간 내에 일을 마치기 위해 굉장한 스트레스를 받다 보니 적절히 위임하는 것도 필요하다는 사실을 깨달았습니다. 그래서 일을 믿고 맡길 수 있도록 팀 내 동료, 부하직원과의 신뢰관계를 돈독히 하고 때로는 일을 나누어 함께 일을 해나가는 데 주력하고 있습니다."

Q 지금까지 해온 일 중 가장 기억에 남고 성공적인 경험을 말해주세요.

본인이 담당한 일 중 성과를 낸 일이 있을 것이다. 하지만 대단한 성과와 업적을 기록했다는 말만 듣고 싶은 것은 아니다. 어떤 어려움이 있었고, 어떤 노력을 통해 달성할 수 있었는지에 대해 이야기하도록 한다. 문제해결을 위해 고민한 시간, 난관을 극복하기 위한 팀워크 발휘, 독특한 아이디어와 위기 대응능력까지도 어필할 수 있다.

Q 실패를 통해 힘들었던 경험도 있습니까?

실패해보지 않은 사람은 성숙이 더디다. 단 한 번도 실패해보지 않은 사람은 해볼 만하고 만만한 일에만 도전한 것이나 다름없다. 실패를 통해 초보 직장인이 경력자로 거듭나게 된다.

실패한 자체가 자존심 상하는 일이라 실패가 없다고 주장할 필요는 없다. 실패를 하여 낙담할 수도 있지만 그 실패를 딛고 그 다음 성공을 모색하는 노력이 중요한 것이다.

> "비록 운영상의 결함이 있었던 것이 실패로 여겨집니다만, 이후의 프로젝트에서 철저하게 확인하여 차질 없이 보다 더 꼼꼼하게 진행하는 습관을 가질 수 있었던 좋은 계기였다고 생각합니다."

이런 간단한 질문들에도 신중한 답을 준비하면 면접에 더욱 자신이 생긴다. 한편, 경력직 면접에서는 질문도 던져볼 수 있다. 면접관들은 당신이 좋은 인재로 추측되는데 혹시 우리 회사에 더 관심은 없는지 알고 싶기 때문이다. 회사에 대한 관심사를 적극적으로 어필할 수 있는 좋은 기회다. 다음과 같은 질문을 준비하자.

- "왜 이 지위의 담당자를 채용하려 하시는지 궁금합니다."
- "이 직무 내용을 좀 더 구체적으로 알고 싶습니다."
- "제가 속하게 될 부서에서 최근에 어떤 프로젝트를 진행하였습

니까?"

- "앞으로 어떤 사업 분야에 관심을 갖고 추진하실 예정이십니까?"

그러나 불필요한 질문을 하는 것은 지양하도록 한다. 연봉과 복리후생이 어떤지 정말 궁금하겠지만 이에 대해서는 최종 결정이 된 이후에 논의해도 늦지 않다.

단, 당신이 회사가 생각하는 연봉보다 월등히 높은 연봉 수준을 제안했다면 최종 고려 대상에서 합격이 되지 않을 가능성이 높다. 어느 정도 절충이 가능할지는 최종면접에서 대부분 논의되는 영역이다. 그러니 섣부르게 먼저 자기 패를 보이지 않도록 하자.

코멘트 톡톡!

면접의 질문에는 모두 의도가 담겨 있음을 기억하라. 당신의 능력과 인성을 평가할 의도로 질문이 선택되었다고 가정하고, 자신의 역량을 피력해야 한다.

떠날 때 뒷모습이
아름다워라

직장생활을 하며 열두 번도 더 퇴사에 대해 고민했을 것이다. 하지만 당신 입에서 퇴사의사를 표할 때는 보다 더 신중해야 한다. 나름대로 신중하게 결정하고 선택했겠지만 당장 능력 있는 직원의 결원을 회사가 반길 리 없다. 상급자와 부서장, 사장까지 합세하여 당신의 퇴사를 만류한다고 가정하면 어떤 마음이 들까? '진짜 내가 실력자니까 회사에서 붙잡는 거겠지? 어차피 다른 곳에 가도 마찬가지일 텐데 이 기회에 연봉이랑 직급 올려서 그냥 눌러앉을까?'라며 퇴직의사를 번복할 수 있다. 하지만 언젠가 또 다시 변하지 않는 회사 시스템과 기타 조건들에 대해 불만이 생기고 또 다시 퇴사에 대해 거론하게 될 때가 올 것이다.

퇴사에 대한 확고한 신념과 의지가 있을 때 신중하게 의사를 전달하는 것 또한 장기적으로 보았을 때 좋은 결정이다. 언젠가 조직을 떠날 사람이라는 인상이 생기면, 함께 일하는 동료들과의 관계는 물론, 일을 주는 상사와도 불편해진다.

수많은 직장인들이 사직서를 가슴에 품고 있다고 하지만 보다 더 나은 대안을 찾기 전까지는 입 밖으로 퇴사를 거론하지 않는 이유가 바로 그것이다. 이럴 때에는 경력관리 차원에서 더 멀리 내다보고 확실하게 마음을 가다듬을 필요가 있다.

: 아름다운 **퇴장** :

퇴사를 할 때에는 보다 합리적인 사유가 있어야 하고 퇴직에 대한 확고한 의지를 보이되, 마무리를 깔끔하게 해주어야 한다.

퇴사 사유는 긍정적으로 전달하도록 한다. 퇴사를 하는데 '어차피 떠나는 마당에 솔직하게 다 이야기하지 뭐'라며 그간의 불만사항을 다 털어놓는 어리석은 실수는 하지 않기를 바란다. '하고 싶은 일을 하기 위해서', '커리어 향상을 위해' 등 개인적인 비전을 위해 퇴사를 한다는 사유가 가장 무난하고 바람직하다. 실제로 그러한 차원에서 퇴사하는 것 아닌가?

어찌 되었든 기간을 두고 몸담고 있었던 곳이다. '다시 안볼 사이'를 가장하고 나쁜 인상을 남길 이유가 없다. 같은 업계 안에서 이동하게 되면 갑-을 관계로 다시 만나게 될지도 모르고, 어쩌다 다시 같은 회사에서 일하게 될 수도 있고, 고객으로 거래를 하게 될지도 모른다. 설마 다시 볼까 싶은 사람이라 하더라도 언젠가 부딪치게 될 수 있다. 원만한 마무리를 해놓아야 뒤탈이 없다.

인수인계를 할 때에는 후임자에게 이제까지의 업무 내용과 프로세스에 대해 상세하게 구두로 설명하고 문서로 기록해 남겨놓아야 한다. 각 프로젝트별 폴더를 마련하여 관련 자료를 모두 담아두고 담당자 연락처도 저장해놓는다. 업무 인수인계를 할 때 고객사와 관계가 깊었으면 후임자와 함께 인사를 다니는 것도 바람직하다.

'이직하면 그만인데 그렇게까지 해야 하나?'라는 생각이 들 수 있다. 이것 또한 비즈니스 매너의 연장선상에서 생각해야 한다. 내가 남고 누군가 떠난다고 가정했을 때 제대로 여며지지 않아 동분서주 우왕좌왕하다보면 이런 말이 툭 튀어나온다. '도대체 일을 어떻게 하고 나간 거야?'

안일한 생각일랑 접어두고 당신의 떠난 자리를 아름답게 남겨두라.

퇴사매너

퇴사를 위해 신중하게 따라야 할 것들이 있다.

우선, 당신의 퇴사의지를 회사에 말하기 이전에 동료에게 먼저 이야기하지 않아야 한다. 사내에서의 비밀이 지켜질 리도 없거니와 당신의 퇴사의사에 대한 고백으로 인해 함께 동고동락했던 동료의 고민도 깊어질 것이다. 단, 가족들에게는 의논을 하여 현재의 결정에 대해 양해를 구해야 한다. 앞으로의 미래에 대해 어떤 계획을 하고 있는지 이야기하면서 당신의 의지를 더 굳건히 할 수 있기 때문이다. 어떤 선택과 결정을 내릴 때에는 사회적 지지가 큰 역할을 한다. 그 다음에 상사에게 퇴사 의지를 피력하고 퇴사 날짜를 결정한다.

퇴직 날짜를 정하기 위해서는 최대한 회사의 일정을 고려하여 여유 있게 잡아야 한다. 예정된 업무를 모두 내려놓고 갑자기 인수인계 대상자를 지정하여 업무폭탄을 던져주어서는 마무리가 깔끔해질 리 만무하다. 이미 다른 회사의 이직 시기가 당겨져 급하게 마무리를 해야 한다고 자신의 스케줄만 주장하는 것은 이기적인 처사다. 최소한 2주에서 한 달 가량의 시간을 두고 정리를 하는 편이 좋다. 그래야 결원에 대한 채용도 이루어지고 원만한 인수인계가 가능하기 때문이다.

> **🧰 코멘트 톡톡!**
> "입사해서 지금까지 고생 많았어. 어디 가서든 잘되기를 바랄게!"
> 떠나는 뒷모습이 아름다운 당신만이 들을 수 있는 진실한 응원이다.

CHAPTER 04

경력은 도전이고
도전은
계속된다

생의 목적을 두고
커리어를 관장하라

: 당신의 인생 목적은 무엇인가? :

성공을 위해 차별화된 꿈을 꾸라고들 한다. 말은 참 쉽다. '남다름'을 어떻게 내 것으로 만들 수 있을지 답답하기만 하다. 그래서 자꾸 주변 인들과 비교하고 성공한 인물들의 일대기를 엿보고 그들과 비교하여 부족한 자신을 자책하게 된다. '아, 나도 몰라, 그냥 될 대로 되라'라며 자포자기하고 싶은 마음도 스멀스멀 번진다.

여기 세 사람이 있다. 한 사람은 '가장으로서 책임감 있게 가정을 꾸리면서 직장에서 승진하여 임원까지 오르는 것'이 인생의 목적이다. 다른 한 사람은 '보유한 역량을 여러 기업에서 평가받으며 다양한 경험을 하고 훗날 자신의 경험을 다른 사람들에게 나누는 것'이 인생의 목적이다. 또 한 사람은 '직장생활은 자신과 맞지 않으니 적성 맞는 일을 찾아 업으로 삼고 평생 그 일을 하는 것'이 인생의 목적이다. 인생의 목적이 뚜렷하면 방법적으로 이런저런 시행착오를 할지라도 길은 점점 뚜렷해진다. 그 누구의 인생이 틀린 것은 아니다. 오래 한 직장에 머무르거나 이직이 빈번하거나 직장생활을 과감히 그만둔다 하여도 잘못된 길이 아니다.

만약 현재 인생의 목적이 없다면, 당신의 커리어패스는 안개 속에 묻혀 있는 느낌이 들 것이다. 끝없이 같은 자리를 헤매다 제자리로 돌아오는 것 같아 괜히 부아가 날지도 모른다.

: 내 삶의 **이정표를 찾아서** :

당장 발등에 떨어진 불을 끄는 데 급급한 삶은 여유가 없다. 당신이 뫼비우스의 띠처럼 무한 반복되는 익숙한 삶의 패턴을 끊어내지 못한다면 지금의 삶이 계속된다. 그 삶을 지속하는 것 또한 당신의 선택이다. 이정표라도 만나고 싶다면 지금 바로 자기 자신에게 다시 질문을 던지고 대답해야 한다.

- 내 인생의 목표는 무엇인가?
- 내가 살면서 사명으로 삼아야 할 것은 무엇인가?
- 나는 내 삶을 어떻게 꾸려나가고 싶은가?
- 만약 내가 죽을 때 후회 없으려면 어떤 것을 선택해야 할까?

물론 인생의 목적을 발견하기 위한 질문에 답을 하는 것만으로 방향이 뚜렷해져 갈등도 번민도 사라진다고 장담할 수는 없다. 인생은 한치 앞도 정확히 예측할 수 없는데다 인생의 목적을 발견했다고 하여 이에 따라 계획적으로 실행에 옮기는 것 또한 쉽지 않기 때문이다.

하지만 이 질문에 답을 하는 과정 속에서 헤매는 것을 멈추고 자신을 돌아볼 수 있다. 또 스트레스가 폭발하고 난관에 부딪치고 다 그만두고 싶을 때 견딜 수 있게 해주는 길잡이가 되어주기도 한다.

어린 시절에 '어떤 삶'을 살고 싶었는지 떠올려보니 내 인생은 어딘지 모르게 그때의 동경과는 전혀 다른 삶을 살고 있었다. 주변 사람들, 상담하러 온 내담자들에게 물었어도 마찬가지였다. 그들 모두 꿈꾸었던 삶 그대로를 살고 있지 않았다. 꿈조차 꾸어본 적 없었던 이들도 있다. 그러고 보니 꿈꾸었던 삶은 늘 가상의 로드맵이었을 뿐이다. 물론 상상했던 것 이상으로 더 나은 삶을 살 수도 있지만 동경한 만큼 딱 그대로 살아지지는 않았다.

직장생활에 회의를 느끼고 위기라고 느껴지는 시기, 혹시 바로 지금인가? 그렇다면 지금이 바로 적기이다. 도대체 왜 나에게 이런 시련이 닥치는지 세상을 원망해도 소용없다. 이즈음에야 비로소 자신의 삶을 돌아보고 주저하던 길에 한발 내딛는다. 신께서 말씀하신다. 내가 너에게 길을 주었노라고. 이때, 당신의 길에 대한 불안과 의구심은 잠시 접어두자.

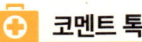 **코멘트 톡톡!**

사람마다 삶의 목적이 다르다.
인생의 목적을 발견하기 위한 질문의 답은 당신만이 가지고 있다.

생각의 틀을 깨고 실행하라

도전의 기회는 멀리 있지 않다

생각해보면 나에게도 자존심은 세면서 열등감이 가득했던 우울한 시절이 있었다. 자존심에 상처받는 것은 죽기보다 싫으면서 존재와 가치에 대한 철학적인 관념을 고민하는 시간이 남보다 길었다. 결국 깨달은 것이란 실행 없는 고민과 갈등은 아무런 대안이 되지 않는다는 것이었다. 열등감이 많으니 자신감을 더 키우기 위해 사소한 성공경험을 늘려가는 수밖에 없었다. 사실 훨씬 더 많은 기회가 있었는데, 그

당시에 기회를 붙잡지 못하고 놓쳐버리기도 했다. 실패에 대한 두려움 때문이었다. 가뜩이나 자신감도 없는데 실패하면 다시 일어나지 못할 것 같았다. 아주 작은 것에서부터 차근차근 일궈나갔다. 그리고 성취가 쌓이니 도전해볼 만했다. 실패해도 무너진 자존심이 회생되는 데 시간도 짧아졌다.

둘러보면 일찍이 깨닫고 열심히 살아내 경험의 폭을 넓히는 청춘들이 부럽기도 하다. 하지만 ==돌이켜보았을 때 누리지 못했던 것, 경험하지 못했던 것에 대해 초점을 맞추기보다 지금 현재 내가 도전하지 않고 머뭇거리는 것은 무엇인가를 더 많이 생각하는 것이 낫다.== 나이가 들고 경력자가 되면 새로운 도전은 주저하고 편하고 익숙한 것에 머무르려는 경향이 있다. 만약 당신이 당신의 선배들의 너른 어깨와 앞서가는 당당한 뒷모습을 우러러보며 나도 저렇게 되어야겠다고 생각했는데 어느 순간 그 선배와 어깨를 나란히 할 때가 오게 되면 당황하게 될 것이다. 정체되어 있는 선배의 모습이 한심하게 보이게 될 날도 멀지 않았다. '나는 저러지 말아야지'라며 각오만 다진다고 해서 그 전철을 밟지 않는다는 보장은 없다.

도전해볼 수 있는 기회는 훗날 찾아오는 것이 아니라 항상 지금이라고 여겨야 한다. 좋아하거나 신나는 일을 찾아보기 위해서 어떤 결단을 했다면 자신의 선택과 결정에 대한 책임을 지기 위해 움직이는 것 또한 성숙한 인재의 모습이다.

기회의 신은 **준비된 자에게만 노크한다**

중소기업체를 운영하는 대표와 독대한 자리에서 대화를 나눌 기회가 있었다.

"대표님은 성공했다고 생각하시나요?"

"직장인이었을 때보다는 더 큰 무언가를 이루었다고 본다면 나름 성공이죠. 하지만 나는 아직 배고파요."

"많은 직원을 두고 계속 성장하고 있는 회사를 보면 정말 뿌듯하시겠어요. 어떻게 지금에 이를 수 있었나요?"

"운이 좋았어요."

나는 그 말에 조금 실망했던 것 같다. 경영자로서 뛰어난 실력과 혜안을 가졌기에 성공했을 거라 기대했기 때문이다. 물론 그렇게 과장해서 이야기했다면 듣는 사람 입장에서는 불편했을 것이다.

"직장생활을 하던 중에 굉장히 좋은 아이템을 발견했어요. 이거다 싶었죠. 이 아이템을 회사에 적용해서 해보자고 했더니 다들 정색하더군요. 원래 하던 일이나 잘하라는 분위기였어요. 그냥 내가 직접 해야겠다 싶었죠. 처음에는 작은 사무실에서 시작했어요. 정말 아무것도 없었죠. 생각해보면 그때 참 열정적이었네요."

그가 아무것도 없이 시작할 때에는 밤잠도 설치고 정말 이게 될까 스스로도 반신반의하며 인고의 시간을 견뎌내야 했다. 용감하다고 해야 할까? 무모하다고 해야 할까? 결과적으로 그의 선택은 옳은 것이었기에 용감했다는 긍정적 해석이 옳을 것이다.

"주변에 좋은 사람들이 있었어요. 응원해주는 사람도 있었고 투자자도 있었어요. 조금씩 기틀을 잡아가니 회사는 무섭게 성장했어요. 더 높은 곳을 바라보고 있기 때문에 앞으로도 갈 길이 멀어요."

물론 그가 운영하는 기업의 직원들이 각자의 판단기준으로 회사를 떠날 채비를 하고 있을지라도 회사의 대표로서 일궈낸 그의 업적은 충분히 치하될 만하다. 직원들의 밥벌이를 책임지고 조직을 운영하는 것의 무게가 얼마나 클지 직접 경험해보지 않고서야 누가 십분 이해할 수 있을까?

나는 기회의 신이 누구에게나 찾아온다고 믿는다. 하지만 기회는 준비된 사람만을 편애한다고도 믿는다. 적극적인 노력과 외부환경이 합쳐져서 기회가 성공으로 이어진다고 믿는다. 그렇기에 지금이 기회라고 믿는다.

지글지글한 감정의 뒤엉킴을 견뎌내고 자신의 위치에서 역량을 수시로 점검하고 조금 더 나은 가능성을 위하여 움직인다면 의도치 않게 좋은 기회를 만날 것이다. 때로는 주변의 모두가 말려도 고집스럽게 자신의 의지를 관철시키면 또 어떤가? 성공과 실패는 훗날에 판단될 것이다. 멈춰 있지 마라. 도전을 주저하면 기회는 도망가고 도전에 설레고 흥분되면 기회는 우리 품에 안긴다.

만약 당신이 당장 직장을 잃는다면 어떤 선택을 할 수 있을까? 새로운 직장을 찾아볼 것인가? 사업을 시작할 것인가? 학교에 들어가 공부를 할 것인가? 직업을 바꿔볼 것인가?

  인생역전은 할 수 있느냐 없느냐의 문제가 아니라 바꾸기를 원하느냐 원하지 않느냐의 문제라고 한다. 진실로 원하는가?

"원한다면 원하는 대로 이루어질 것이다."

 코멘트 톡톡!

당신 스스로 변화를 간절히 원한다면 지금 바로 실행해라.
도전할 수 있는 기회, 성공의 기회는 먼 미래에 있는 것이 아니라, 바로 지금이다!

PART 04

방황하는 직장인 고민 상담소

진짜 나에게 잘 맞는 일은 무엇일까요?

D기업 해외영업직 29세(남) : 우주최강

대학 졸업 후 방황하다가 어렵게 들어온 직장입니다. 꽤 괜찮은 회사입니다. 업계에서 이름 좀 알려진 그런 곳입니다. 그런데 그냥 일이 제 적성에 안 맞는 것 같습니다. 제가 영어를 좀 해서 무역회사에 들어온 건데 회사에서 상황이 긴박하게 돌아가면 정신이 없고 스트레스가 심하게 쌓여 압박감이 상당합니다. 그래서 퇴근하면 초죽음 상태로 쓰러져 자고 아침에 좀비처럼 일어나서 출근하기를 반복하고 있습니다.

일이 즐겁지 않으니 표정은 굳어 있고 애꿎은 주변 사람들한테 신경질적으로 반응할 때가 많습니다. 물론 회사에서는 죽은 듯이 지내고요.

적성에 안 맞는 일 때문에 고민할 줄은 정말 몰랐습니다. 20대 후반의 나이에도 나 자신을 아는 것이 이렇게 어려울 줄이야.

맞습니다. 자신을 아는 것은 어려운 과정입니다. 충분히 고민했다고 생각했는데도 속 시원한 해답이 나지 않아서 고민하게 되나 봅니다. 자신한테 잘 맞지 않는 일을 해야 하고 즐겁지도 않은데 억지로 수행해야 하는 과정이 벅차다고 하시는군요. 하나의 직무를 세세하게 쪼개보면 여러 가지 업무를 처리해야 합니다. 그리고 그 일은 환경에 잘 맞을 수도 있고 그렇지 않을 수도 있지요. 아마 우주최강님은 외국어를 활용하는 일을 하고 싶다는 생각을 가지고, 자신이 좋아하고 잘할 수 있을 거라는 판단에 직장을 선택하신 것 같네요.

많은 사람들이 그렇게 말합니다. '좋아하고 적성에 맞는 일을 해야 일을 즐겁게 할 수 있다'고. 맞습니다. 좋아하는 일을 잘하기까지 한다면 그보다 더 좋은 천직은 없겠지요. 우주최강님이 행복한 직업생활을 하고 싶다는 간절한 마음이 읽혀집니다. 영어를 사용하는 것은 좋아하는 일인가요? 하지만 전반적인 업무적 환경은 잘 맞지 않고요? 이렇게 자신이 '좋아하고 싫어하고, 잘하고 잘하지 못하고, 잘 맞고 잘 맞지 않고' 등으로 세세하게 쪼개서 만족도를 측정해보는 것도 좋을 듯합니다. '대체로 나쁘다고만 생각했는데 따지고 보니까 좋은 점도 있네!'라며 새로운 점을 발견하실 수 있지는 않을까요?

어렵게 입사하신 만큼 적응기도 반드시 필요합니다. 여기에 더 이상 머물고 싶지 않다는 생각이 강해지면 결국 언제고 이직을 단행하실 겁니다. 하지만 지금 머물고 있는 곳에서 충분히 자신에 대해 생각하시면서 천천히 이직을 도모하셔도 괜찮습니다. 그릇된 관념 때문에 성급하게 이직을 하시면 이직한 곳에서도 또 비슷한 고민을 하실 수 있음을 꼭 기억하세요. 업무 방식을 조금씩 바꿔서 분위기를 바꿔주는 것도 방법일 수 있습니다. 주변 상황을 직접 통제하지는 못하더라도 자신이 그 분위기에 휩쓸리지 않게 통제할 수는 있을 겁니다. 예를 들면 업무에 훨씬 더 몰입한다던가, 긴급하게 돌아가는 상황을 차분히 조망하고, 압박감이 느껴질 때는 깊은 심호흡을 해도 좋습니다. 그러한 시도로 조금 더 인내하면서 다음 수를 도모해보세요.

잘 지내고 싶지만
관계는 어려워

A기업 영업기획직 25세(여) : 꽃그대

요즘 너무 답답합니다. 바로 위 상사인 대리님이 저에게 업무와 관련한 커뮤니케이션을 하지 않습니다. 가끔 업무 지시를 하시면 막막할 때가 많은데 '그 정도는 알아서 해야지'라며 본인 일에만 매달리십니다. 혼자서 끙끙 앓다가 중간 과정에서 메일을 드리고는 있는데 먼저 말을 걸지 않으면 절대 먼저 말을 붙이지 않으십니다. 사원을 뽑아놓고 자기 할 일만 잘하면 된다고 생각하고 자기 혼자만 살아남으려고 하는 것 같아 보여요.
혹시 대리님이 저를 싫어하는 걸까요? 제가 먼저 말을 꺼내보기도 했는데, 너무 단답형의 형식적인 답변만 돌아와서 그 이상의 대화가 차단되더라고요. 다른 팀에서 보기에 우리 팀은 같은 팀이면서 왜 공유가 잘되지 않느냐고 합니다. 어떻게 하면 대리님과 잘 지낼 수 있을까요?

의욕이 넘쳐서 뭐라도 배우고 빨리 적응하고 싶은데, 그 마음과 달리 이끌어주는 사람이 없어서 답답한 마음, 충분히 이해가 됩니다. 저도 예전에 일할 때 그런 실수를 한 적이 있었어요. 직속 후배가 들어왔는데 뭘 알려줘야 할지 모르겠고 제 할 일이 바빠서 후배를 챙길 짬이 나지 않았거든요. 실무를 담당하는 입장에 있다 보면 위에서 지시하는 일, 아래에서 처리하는 일을 다시 재확인하는 등 더 꼼꼼해야 했지요. 그때 제 후배와 커피 한잔 하다가 저에게 '선배님, 힘들고 버거워 보이세요. 나눌 일 있으면 얼마든지 주세요'라고 했을 때 정말 기쁘고 고마웠던 기억이 납니다.

 어쩌면 정말 말씀하신 대로 꽃그대님의 사수가 자기 일만 하고 자기만 돋보이려고 하는 사람일지도 모르지만 저라면 사수를 찬찬히 관찰하고 주변 사람들의 평가도 들어보려 하겠습니다. 그분이 '일 하나는 정말 잘하는데 사회성이 좀 떨어져. 다가가기 어려운 타입이야'라는 평을 들을 수도 있고요. 혹은 '내성적이라서 그래. 그 친구 친해지는 데 시간이 좀 걸려'라는 피드백을 들을 수도 있지 않을까요? 한편 제 경우처럼 직속후배에게 업무를 얼마나 어떻게 위임해야 할지 모르고 자기 일이 너무 바빠서 그럴지도 모르겠습니다. 일을 너무 많이 주면 부하직원이 부담스러워할 것 같고 너무 잡일을 시키면 싫어할까봐 그냥 자기가 하고 마는 경우도 종종 있거든요. 그런 다양한 타입들이 직장에는 존재합니다. 여기까지는 이해되시지요?

 사회성 좋은 꽃그대님이라 하더라도 상대의 성향과 관계방식에 따라 다른 방법으로 접근하시는 편이 좋겠습니다. 내가 다가가면 상대는 한 걸음 물러서는 경우도 있거든요. 처음부터 쉬울 거라고 기대하시면 곤란합니다. 일을 받으면 먼저 '이렇게 처리하라는 말씀이시지요?'라며 한 번 더 확인해보세요. 심플하게 '맞아'라는 대답이 오면 어떻습니까. '대리님, 좀 더 구체적으로 알려주시거나 짚어주실 것은 없나요?'라고 물으며 조금씩 상대가 이야기할 수 있도록 이끌어도 좋습니다. 다가가기 어려운 대상이 높은 장벽을 치고 거리를 두려 한다고 해도 계속 공략하다보면 언젠가 성문은 열리겠죠.

상사가 먼저 펴주어야 한다는 고정관념은 지워버리세요. 먼저 다가간다고 해서 손해 볼 것은 없습니다. 아주 천천히 조심스럽게 다가가세요.

워킹맘과 경력단절 사이, 아직 건널 수 없는 강

B기업 경영지원직 33세(여) : 꼬망맘

저는 지금 5년차 직장인이자 워킹맘입니다. 입사하고 2년쯤 되어서 결혼하고 출산하고 출산휴가 3개월 꽉 채운 뒤 바로 복직해서 직장생활을 계속하고 있어요. 그런데 최근에 둘째가 생겼고 곧 다시 출산을 준비하러 들어갑니다. 첫째 아이는 친정어머니가 봐주고 계시지만 둘째까지 맡기려니 죄송해서 도저히 안 될 것 같습니다. 출산휴가 후에 1년 육아휴직계를 낼 계획이지만 공백을 두고 돌아와서 다시 업무에 복귀할 수 있을까도 걱정이고요. 1년 뒤에 복직할 용기가 없어질까 걱정되고 정말 복잡합니다. 남편은 회사 그만두고 살림해도 된다고 하지만 아마도 제가 일을 그만두게 되면 남편이 짊어져야 할 경제적 부담도 만만치 않을 거라 또 걱정입니다.

여성의 경력관리와 관련해서는 늘 정답도 현답도 없는 딜레마 상황에 항상 놓이는 것 같습니다. 저는 어떤 문제를 만났을 때 누구 하나 손해 보지 않고 100퍼센트 만족할 수 있는 결론을 내리기는 쉽지 않다고 생각합니다. 특히 이런 딜레마 상황일 때는요. 다만 최소의 손실을 추구하고 나의 가치관에 따라 심리적 부채감을 덜고 조금 더 능동적이면서 적극적인 결단을 내리는 것이 중요하다고 생각합니다.

만약 둘째 아이까지 출산하고도 경력을 계속 이어나가신다면 심리적 부채감은 정말 크실 겁니다. 아이에게도 미안하고 친정어머니에게도 미안하고 일도 가정도 집중하지 못해 스트레스를 받게 될 테니까요. 하지만 여기에서 집중해야 하는 것은 꼬망맘님의 걱정과 불안이 과하게 많은 것은 아닌지 하는 부분입니다. 아직 일어나지 않은 일에 대한 걱정과 불안이 있으신 듯합니다. 첫째 아이를 낳고 바로 복직하여 일을 시작하셨다는 것에 일단 초점을 맞춰볼게요. 열심히 일하는 엄마의 모습을 아이는 아직 이해하지 못하고 아이에게 못할 짓을 하는 것 같다는 워킹맘들 참 많은데요. 내가 일을 한다 해서 아이를 사랑하는 마음이 덜하다고 볼 수는 없을 겁니다. 아이가 엄마와 떨어져 있는 시간을 불안해하고 안정애착을 이루지 못할까 걱정될 수 있는데 전업주부로서 아이와 온종일 시간을 보낸다고 하여 안정애착을 갖게 되는 것도 아닙니다. 아이의 기질에 따라서 다르겠지만 아이와 함께 놀아주는 시간에 충분히 아이와 교감하면 이는 문제가 없다는 연구결과도 있습니다. 그러니 지금 현재 엄마의 걱정과 불안한 마음이 아이에게 전달되지 않게 하고 아이와 함께할 때 최선을 다해 놀아주시는 편이 좋습니다.

한 가지 분명히 하셨으면 좋겠습니다. 선택을 하실 때에는 경력관리 차원에서 바라보셔야 합니다. 본인이 이제까지 5년째 쌓아온 경력은 직업적 비전에 있어서 계속 유지될 수 있는 부분인가요? 아니면 은퇴 전까지 경력을 이어나가기에는 어려움이 있을까요? 그러한 측면에서 바라보았을 때 이직을 하거나 경력전환을 할 시점을 맞이하실 수 있게 됩니다.

부디 현실적인 대안이 마련되지 않아 복직을 포기하실 바에는 자연스러운 경력전환을 위해 새로운 도전을 준비하시길 권해드립니다. 직장생활을 통해 이루고 싶었던 것 이면에 회사를 그만두면 해보고 싶었던 것들이 있었을 텐데요. 여성을 위한 실무교육에 참여하거나 시간제 일자리를 활용하면 급여는 충분하지 않더라도 경력단절 없이 경력관리를 하실 수 있어서 대안이 될 수 있을 겁니다.

엄마는 위대한 존재입니다. 워킹맘으로서의 딜레마는 피할 수 없지만 사회에서 요구하는 나의 역할은 보다 더 다양할 수 있습니다. 그리고 하나 더, 이와 같은 문제는 혼자만의 문제는 아니니 남편과 충분히 이야기를 나누시고 가장 원만한 방법이 무엇일지를 결정하시기 바랍니다. 걱정 많고 불행한 엄마의 정서가 아이에게 전달됩니다. 충분히 고민은 하시되 두 아이의 엄마가 됨을 행복하게 맞이하시길 바랍니다.

괴로운 나날들, 직장인의 비애

I기업 회계담당직 30세(남) : 목각인형

최근에 두통이 심하고 기력이 하나도 없어서 병원에 갔더니 우울증 진단을 받았습니다. 의사가 일에 대한 스트레스가 과도해서 그런 것 같다며 일을 줄이고 휴식을 취해야 한다고 합니다. 신경안정제 처방까지 받았습니다. 뭐 의사들 말이야 빤하지만 요즘 들어 정말 출근이 너무 괴롭습니다.

회사에서 일 잘한다고 인정도 받고 있는데 너무 일을 많이 끌어안아서 그런지 스트레스가 이만저만이 아닙니다. 몇 년째 같은 일을 하면서 성과를 내는 데만 급급했습니다. 사실 지금 회사에서는 비전이 보이지 않습니다. 새로운 도전을 원하기도 하지만 밑도 끝도 없이 다른 일을 하기는 어려울 것 같아 주저하게 됩니다. 이대로 주저앉아 매너리즘에 빠지고 싶지는 않은데 어쩌죠?

과도한 스트레스를 이기지 못해 자살에 이르거나 질병에 걸리는 사례가 종종 보고되고 있습니다.

목각인형님, 우울증은 생각보다 무서운 병입니다. 삶을 무기력하게 해서 의욕을 떨어뜨리고 생산성의 질도 떨어뜨립니다. 그리고 몸도 망치고 관계에도 영향을 줍니다. 이러한 악순환이 계속 반복되면 개인에게도 회사에게도 득 될 것이 없겠지요.

악순환의 연결고리를 끊으려면 새로운 환기가 반드시 필요합니다. 차라리 병가를 내더라도 재충전의 시간을 가져보세요. 정황상 여의치 않더라도 반드시 한 템포 늦추는 시간을 가지셔야 합니다. 내가 없으면 회사 일이 진행되지 않는다는 것은 개인의 생각입니다. 그러니 대안이 없다고 단정하지 마시고 한번 시도해보세요. 심리적 문제에서 나아가 병리적인 문제가 발생하였는데 이를 방치하면 회사는 더 큰 손실을 보게 됩니다.

최악의 상황에서 출근공포증을 느끼고 일하던 중 쓰러지지 않으시려면 일보다는 건강관리에 조금 더 신경을 쓰셔야 합니다. 저 역시 일에 대한 스트레스가 너무 과해서 정신을 잃고 병원신세를 졌던 적이 있었습니다. 처음에는 일이 너무 많은 탓이라며 회사를 원망했습니다. 하고 싶은 일을 주는 것도 아니고 시간에 쫓기고 부담스러운 업무 폭탄을 감당해야 한다는 것, 이 모든 것이 회사에서 이루어졌기 때문이라고 생각했습니다. 하지만 오래지 않아 스트레스를 미리 관리하지 못한 탓이 더 크다는 것을 알고 그 뒤부터는 저의 통제력을 더 키우려고 애썼습니다. 물론 체력관리도 했고요.

지금 당장 어떤 개선을 하면 스트레스가 말끔히 사라지고 우울증도 회복될 거라 기대하지는 않으시는 편이 좋습니다. 스트레스는 해소하는 것이 아니라 관리하는 것이기 때문입니다. 개인의 스트레스 관리 방법을 찾아 실행하고 통제할 수 있게 되면 마음의 여유도 찾고 비전을 세우고, 또 그 비전을 좇아 경력관리를 할 수 있게 될 것입니다.

사내연애,
왜 이렇게 어려울까요?

U기업 상품기획직 26세(여) : 실버스타

회사에서 비밀리에 사귀는 사람이 생겼습니다. 괜히 알려지기라도 하면 '연애하느라 일에서 실수하냐?'라고 비꼴까 봐 너무 불안합니다. 회사에서는 사내연애를 환영하지 않습니다. 만약 결혼이라도 한다면 둘 중 한 명은 그만둬야 하는데 여자 쪽에서 그만두는 경우가 많습니다. 이제 겨우 입사 3년차인데 이직하려니 경력이 모자란 것 같고 '이럴 바에 빨리 공무원 시험공부를 시작하는 편이 낫지 않을까' 하는 생각도 듭니다. 그러면 좀 더 안정적일 것 같아서요. 하지만 준비하려니 막막하기도 하고, 현실과 타협해서 그냥 다른 회사로 이직하는 것이 나을까요?

새로운 연애의 설렘과 행복감이 가득해야 하는데 오히려 비밀리에 사귀어야 하고 신경을 써야 할 일이 여러 가지군요.

한 공간 안에서 일하다 보면 전우애가 생기고 그것이 사랑으로 전이되는 과정은 참 흥미롭고 아이러니합니다. 그렇게 사랑은 예상치 못한 곳에서 찾아오지요. 생존과 직결되는 일터에서의 사랑은 짜릿하지만 걱정과 불안이 함께 양립하는 안타까운 과정인 것 같습니다.

만나는 그분과 결혼까지 생각하고 계시는 것 같은데요, 그전에 방향성을 가져야겠네요. 만약 다른 회사로의 이직을 생각하고 있다면, 우선은 그 회사에 응당한 자격조건을 갖추는 것이 좋습니다. 이 경력이 필수사항인지 우대사항인지에 따라서 이직 시도의 결과는 조금 달라집니다.

또 다른 대안으로 공무원 시험도 고려하고 계시는데요. 공무원 시험은 퇴사 후의 경제적 사정도 고려해야 하고 치밀한 준비도 필요하기 때문에 쉽게 도전할 영역은 아닌 듯합니다.

어떤 고민에 대한 결단을 내리고 선택할 때에는 이후의 삶을 충분히 그려보세요. 어떤 모습으로 서게 될지 더 분명한 쪽으로 마음이 기울게 되어 있습니다. 아직 현실로 등장하지 않은 결혼에 대한 고민은 약간 먼 미래이니만큼 구체적인 결혼계획을 세우는 과정에서 진로 결정을 위한 준비를 시도하셔야겠습니다. 비밀연애 잘 유지하시고, 사랑하는 사람과의 결혼에 꼭 성공하시기를 바랍니다.

그들만의 리그에 속하지 못한 저는 미운오리새끼입니다

C기업 연구개발직 28세(남) : 거위의꿈

저는 지방사립대 출신입니다. 고등학교 때 공부를 손 놓았다가 좋은 대학에 입학하지 못했지만 대학에 와서 정신을 차리고 정말 열심히 생활했습니다. 과 톱도 몇 차례 했고요. 교수님도 대학원 연구실에 들어와서 공부 더 해보라고 권해볼 정도였습니다. 그런데 취업해보니 또 다른 세상이네요. 어디 대학 출신들은 그들만의 무리를 지어서 자기들끼리 정보를 공유하고 끌어주고 밀어주는 상황입니다. 저처럼 출신이 비루한(?) 직원들은 낙동강 오리알 신세네요.
학력세탁이 필요한 걸까요? 요즘은 특수대학원에 들어가기 쉽다는데 학비는 좀 부담스럽지만 그쪽으로 마음이 점점 굳어집니다. 대학원 진학, 하는 게 맞을까요?

줄 세우기는 사회의 어디에나 있습니다. 그 대열에 서면 우월감이 느껴지고 열외에 있다고 생각되면 열등감이 생기게 마련입니다. 또한 무리 속에 있으면 든든하고 무리 밖에 있으면 소외되어 불편한 마음 생깁니다.

거위의꿈님, 굉장히 열심히 살았노라고 자신하시는군요. 스스로 인정하고 자신하는 점 높이 삽니다. 그럼에도 마음과 다르게 지금 직장 안에서 학연문제로 위화감이 느껴지니 그 불편감을 해소하지 않는 한 대학원에 가야겠다는 열망은 더 강해질 듯합니다.

그렇다면 거위의꿈님께서 대학원에 가서 학력세탁을 한다고 하여 지적하신 그들만의 무리에 들어갈 수 있을까요? 또 그 무리에 들어간다고 하여 열등감은 사라지고 우월감이 생길까요? 이러한 부분까지 충분히 고려해보셔야 합니다.

대학원을 선택하는 것을 막고 싶지는 않습니다. 깊이 있는 배움을 통해 자신을 업그레이드하는 데 활용하실 수 있으리라 생각합니다. 또 그 안에서 이어질 네트워킹도 거위의꿈님에게 든든한 힘이 될 것입니다.

한편 열등감을 잘 관리하면 오히려 강한 동기로 작용하여 불굴의 의지를 만들 수도 있습니다. 열등감에 휩싸였을 때 우리는 어떤 삶을 선택하면 좋을까요? 열등감은 여러 감정 중의 하나일 뿐, 진짜 개인이 열등한 것은 아니에요. 열등감을 긍정에너지로 전환하면 목표로 한 것을 이루는 신선한 자극제가 될 것입니다.

회사와 상사한테
이미 마음 떠났어

T기업 IT관리직 29세(남) : 하루살이

입사 1년을 꽉 채웠습니다. 연봉협상을 해야 할 시즌이라 팀장님이 면담을 하자고 했어요. 다른 사람을 채용할 수도 있고 열심히 하겠다고 하면 연봉을 올려주고 본격적인 업무를 맡기겠다고 합니다. 뭘 어쩌라는 건지 모르겠네요. 야근 밥 먹듯이 하고 죽어라고 1년간 일했더니 마치 계약직한테 말하듯 해서 황당하더군요. 안 그래도 다른 데 입사 지원해야겠다고 마음먹고 있었습니다. 하루라도 빨리 회사를 그만두고 싶은데 또 어디서 들으니 퇴사하고 이직준비를 하면 이직이 더뎌진다고 해서 다니면서 이직 준비하려고 합니다. 더 잘해달라고 하지는 못할망정, 저런 식으로 말하는 회사의 처사에 화가 나네요.

말씀하신 내용만으로는 속사정을 다 알 수 없으나 이미 1년 경력으로 이직을 고려하고 있는 중에 팀장이 더 열심히 할 거냐, 그만둘 거냐는 뉘앙스로 물어 혼란스러우신 모양입니다. 어쩌면 하루살이님의 감정 저변에는 억울하거나 분한 감정이 숨어 있을지도 모르겠습니다.

자발적으로 이직을 하면 좀 더 폼도 나고 당신들이 생각하는 이상으로 내가 능력자이니 당연히 좋은 대우를 받아야 한다고 생각하지요. 그렇다보니 회사에서 나 같은 인재를 알아보지 못하고 함부로 사용하고 내보내는 모양새는 쉽게 수용되지 않습니다.

회사에 대한 감정보다 아마도 팀장에 대한 감정이 강렬하게 느껴지네요. 좀 더 기분 상하지 않게 이야기할 수 있었을 텐데요. 하루살이님의 자존심이 많이 손상됐을까 걱정됩니다.

어쨌든 회사에서 두 개의 패를 던져 주었지요? 책임감을 가지고 본격적으로 일을 할 것인가, 아니면 빨리 다른 직장을 구해서 일할 것인가를 선택할 수 있겠네요. 팀장의 속내는 다 알 수 없지만 하루살이님과 1년간 크고 작은 트러블이 있지 않았을까 예상됩니다. 다른 사람을 채용하기에는 또 다른 부담이 있고 하루살이님을 더 키워서 업무를 가르치고 싶다는 팀장의 마음도 읽혀지네요. 팀장의 의중을 100퍼센트 다 이해할 수 없지만 그래도 기회를 주겠다고 한 데 대해서는 고려해봐도 좋습니다. 1년 경력으로 이직을 시도하면 다시 신입으로 지원하게 되는 것이나 마찬가지여서 애매하거든요.

물론 퇴사하여 이직을 하는 것은 하루살이님의 선택입니다. 만약 회사에 남아서 경력을 좀 더 연장하고 싶다면 착실하게 업무를 배워 자기 계발을 해내고 팀장에게 들었던 외계어 같은 말을 뒤엎을 만한 실적과 성과를 내시기를 바랍니다. 그러면 남 좋은 일을 한 것이 아니라 하루살이님 자신에게 더 이득이 될 겁니다.

일단 다니면서 이직을 준비하려면 좀 더 부지런하셔야 합니다. 채용공고를 서치하고 입사지원서를 쓰고 면접을 보는 과정은 꽤나 번거로운 일인데 이를 회사생활하면서 해야 하니 한정된 시간을 쪼개서 써야 하기 때문입니다. 더구나 일단 일을 계속하는 쪽으로 해서 본격적인 업무를 시작하게 되면 일이 바쁘고 우선순위에서 이직준비가 밀리게 되어 처음의 계획과 다른 결과를 얻을 수 있습니다.

애초부터 충분히 고민하고 선택과 집중을 하는 것이 바람직합니다. 결국, 하루살이님은 이직에 성공할까요? 아니면 계속 회사에 남아 일을 하고 있을까요? 하루살이님이 미리 그려놓은 그림대로 이루어져 있기를 바랍니다.

멀티맨이 아닌,
주인공이 되고 싶어요

쇼핑몰 운영업무 27세(남) : 백곰

입사한 지 1년쯤 되었습니다. 취업재수를 하고 싶지 않아서 일단 조건 적당한 작은 쇼핑몰에 입사한 것인데 회사규모가 작다 보니 특별한 업무역할이 정해져 있지 않고 이런 저런 업무를 다 하고 있습니다. 연극으로 따지면 완전 멀티맨인 거죠. 쇼핑몰 프로모션도 기획하고 상품도 등록하고 재고관리도 하고 IT 전공자라고 웹 기획까지 시킵니다. 원래 규모가 좀 큰 회사였다면 이런 일들을 세분화해서 전문성을 키울 텐데 이 일하다가 저 일하다 보니 정신이 하나도 없습니다. 일에 대한 비전을 가지고 일해야 다른 회사를 가더라도 좋을 것 같은데요. 지금 상태에서 어떡하면 좋을까요?

멀티맨이야말로 정말 능력자 아닌가요? 연극의 활기를 불어넣어주고 또 꼭 있어야 할 자리에 있는, 그 모습이 영 백곰님 자신의 자리처럼 느껴지지 않았나 봅니다. 그렇다면 주요한 역할을 하기 위해 어떤 준비가 되어 있나요? 혹시 전공을 살려 프로그래머가 되고 싶으셨는데 현실과 타협하신 것인지요? 만약 그랬다면 영 다른 분야에서 경력을 시작하셨으니 조금 당황스러우실 겁니다. 1년간 개인적으로 스킬을 쌓으신 것도 아닐 것이고 프로그래머 경력을 가진 것도 아니니까요.

정작 백곰님에게 필요한 것은 '주인공이 되고 싶다'는 막연한 바람이 아니라 '어떤 역할을 하고 싶다'는 뚜렷한 가치관과 목표입니다. 전반적인 쇼핑몰 운영 업무를 담당한다면 결국 정말 다양한 업무를 수행하고 있다는 뜻일 텐데 그 안에서 세분화해서 직무를 쪼개 보니 어떤 것이 가장 전문성을 가져가기에 흥미롭고 자신 있는 부분인지요? 그에 대한 답을 내야만 이직을 시도할 것이냐, 혹은 계속 재직하면서 다른 수를 준비할 것이냐를 결정할 수 있게 됩니다.

한편 다른 방법도 있을 수 있습니다. 현재 지금 다니고 계신 직장이 아닌, 다른 회사를 둘러보니 훨씬 좋은 대우와 조건을 가지고 있으면서 전문성을 가져갈 수 있는 곳이 있을 겁니다. 그 회사에서 채용하는 분야를 검토하시고 그 직종에서 요구하는 조건에 현재까지 가지고 있는 경험들이 부합하는지를 분석해보는 겁니다. 아마 세분화된 직무내용에 적합하다고 할 만한 경험과 역량이 충분하다고 보기 어려울 겁니다. 고작 1년 근무했을 뿐이라 아직 업무를 제대로 안다고 말할 수 없을 테니까요. 그렇다면 이제 새로운 목표를 가져야 합니다.

'저 회사에 입사해야겠어!'

이직을 위해 필요한 경력과 경험을 채워가십시오. 지금보다 영어실력이 더 필요할 수도 있고 고객관리를 잘해야 할 수도 있고 상품구매나 MD경험이 더 필요할 수도 있습니다. 필요한 요소에 맞는 업무에서 보다 더 적극적으로 일을 해낸다면 재직 중인 회사에도 큰 기여를 할 수 있을 것입니다. 더구나 전문성과 비전도 가지게 되었으니 일 만족도도 올라갈 것입니다.

처음부터 주인공인 사람도 있지만 착실하게 멀티맨, 조연 등을 거쳐서 주연 자리를 꿰차는 사람도 있습니다. 이제 현실과 타협은 그만, 주인공이 되기 위해 뚜렷한 목표부터 가져보세요.

To be continued···

직장인 사춘기 고민 상담소는 계속됩니다.
상담문의는 wcareer@naver.com으로 보내주세요.